**GOUVERNEMENT GÉNÉRAL**

DE

**L'AFRIQUE OCCIDENTALE**

FRANÇAISE

CONSEIL DE GOUVERNEMENT

# RAPPORT

SUR LA

## Situation Générale des Finances
## de l'Afrique Occidentale Française

Novembre 1912

**CONSEIL DE GOUVERNEMENT**

Session de NOVEMBRE 1912

# République Française

LIBERTÉ - ÉGALITÉ - FRATERNITÉ

# RAPPORT

## sur la Situation Générale des Finances de l'Afrique occidentale française

Les opérations financières de l'année 1910 n'étaient pas closes lors de la dernière réunion, en juin 1911, du Conseil de Gouvernement. Mon prédécesseur, M. le Gouverneur Noufflard, n'a donc pu, dans son exposé annuel, fournir, sur la situation de cet exercice, que des chiffres approximatifs. Je crois donc devoir, avant d'entrer dans l'examen des budgets de 1911 et 1912 et des projets de budgets pour 1913, rappeler les résultats définitifs de l'exercice 1910, que j'ai condensés dans le tableau ci-après.

## EXERCICE 1910

| BUDGETS | PRÉVISIONS BUDGÉTAIRES | RECETTES RÉALISÉES | PRÉVISIONS DE DÉPENSES — CRÉDITS primitifs | CRÉDITS supplémentaires | TOTAL des CRÉDITS | PAIEMENTS EFFECTUÉS | EXCÉDENT des RECETTES sur les dépenses | EXCÉDENT des DÉPENSES sur les recettes |
|---|---|---|---|---|---|---|---|---|
| Budget général............... | 18.680.000 » | 24.946.656 72 | 18.680.000 » | 3.360.677 28 | 22.040.677 28 | 20.372.664 51 | 4.573.992 24 | » |
| Sénégal. { Administration directe. | 2.982.500 » | 3.187.733 49 | 2.982.500 » | 305.925 35 | 3.288.425 35 | 3.192.539 69 | » | 4.806 20 |
| { Pays de Protectorat.. | 4.424.500 » | 4.762.464 68 | 4.424.500 » | 425.462 50 | 4.849.962 50 | 4.859.610 38 | » | 97.145 70 |
| Haut-Sénégal et Niger ....... | 7.485.332 70 | 8.029.835 67 | 7.485.332 70 | 654.473 27 | 8.139.805 97 | 7.755.003 28 | 274.832 39 | » |
| Guinée .................. | 6.227.000 » | 6.632.404 68 | 6.227.000 » | 646.823 » | 6.873.823 » | 6.069.687 79 | 562.716 89 | » |
| Côte d'Ivoire.............. | 4.821.200 » | 6.686.081 59 | 4.821.200 » | 2.085.680 83 | 6.906.880 83 | 6.679.019 91 | 7.061 68 | » |
| Dahomey.................. | 3.572.200 » | 3.599.566 55 | 3.572.200 » | 164.000 » | 3.736.200 » | 3.434.718 53 | 164.848 02 | » |
| Territoire militaire du Niger ... | 1.705.000 » | 1.974.553 62 | 1.705.000 » | 372.500 » | 2.077.500 » | 1.974.553 62 | » | » |
| Mauritanie............... | 1.359.700 » | 1.843.400 33 | 1.359.700 » | 477.600 » | 1.837.300· » | 1.808.737 57 | 34.662 76 | » |
| Totaux ........ | 54.257.432 70 | 61.662.697 33 | 54.257.432 70 | 8.493.142 23 | 59.750.574 93 | 56.446.535 28 | 5.618.113 95 | 101.951 90 |
| Chemin de fer de Kayes-Niger (1). | 2.418.000 » | 2.883.877 95 | 2.418.000 » | 18.344 » | 2.436.344 » | 1.880.818 69 | 1.003.059 26 | » |
| — de Conakry au Niger | 2.100.000 » | 3.086.195 28 | 2.100.000 » | 170.000 » | 2.270.000 » | 1.871.235 51 | 1.214.959 77 | » |
| — de la Côte d'Ivoire . | 760.000 » | 794.373 10 | 760.000 » | » | 760.000 » | 677.350 37 | 114.022 73 | » |
| — de Thiès à Kayes .. | 798.000 » | 952.407 37 | 798.000 » | 305.000 » | 1.103.000 » | 950.592 49 | 1.814 88 | » |
| Totaux ....... | 6.076.000 » | 7.713.853 70 | 6.076.000 » | 493.344 » | 6.569.344 » | 5.379.997 06 | 2.333.856 64 | » |
| Budget général et budgets locaux. | 54.257.432 70 | 61.662.697 33 | 54.257.432 70 | 8.493.142 23 | 59.750.574 93 | 56.446.535 28 | 5.618.113 95 | 101.951 90 |
| Budgets des Chemins de fer .... | 6.076.000 » | 7.713.853 70 | 6.076.000 » | 493.344 » | 6.569.344 » | 5.379.997 06 | 2.333.856 64 | » |
| Totaux généraux ...... | 57.333.432 70 | 69.376.551 03 | 57.333.432 70 | 8.986.486 23 | 65.319.918 93 | 61.526.532 34 | 7.951.970 59 | 101.951 90 |

EXCÉDENTS définitifs des recettes sur les dépenses................... 7.850.018 69

(1) Y compris le Chemin de fer de Kayes-Ambidédi.

Il résulte de ce tableau que l'année 1910 a été particulièrement bonne pour les finances de l'Afrique occidentale française, considérée dans son ensemble, puisqu'elle s'est traduite par un excédent de recettes de 7,850,018 francs. Dans cette somme, le budget général a la plus large part (4,573,992 fr.) ; puis viennent les budgets des Chemins de fer (2,333,856 fr.), le budget de la Guinée (562,716 fr.), celui du Haut-Sénégal et Niger (274,832 fr.), celui du Dahomey (164,848 fr.) et celui de la Côte d'Ivoire (7,061 fr.). Les deux budgets du Sénégal, par contre, se sont trouvés en déficit, en fin d'exercice, l'un de 4,806 francs, l'autre de 97,145 francs.

# EXERCICE 1911

Le tableau ci-après donne les résultats de l'exercice 1911.

Les chiffres qu'il contient sont ceux des comptes administratifs pour le budget général, les budgets du Sénégal, le budget de la Côte d'Ivoire et celui du Dahomey. Pour les autres budgets, ils traduisent des situations que l'on peut considérer comme certaines, mais qui ne résultent pas encore d'écritures définitivement arrêtées.

| BUDGETS | PRÉVISIONS BUDGÉTAIRES | RECETTES RÉALISÉES | PRÉVISIONS DE DÉPENSES | | TOTAL des CRÉDITS | PAIEMENTS EFFECTUÉS | EXCÉDENT des RECETTES sur les dépenses | EXCÉDENT des DÉPENSES sur les recettes |
|---|---|---|---|---|---|---|---|---|
| | | | CRÉDITS primitifs | CRÉDITS supplémentaires | | | | |
| Budget général . . . . . . . . . . . | 20.875.000 » | 30.243.248 » | 20.875.000 » | 8.627.312 97 | 29.502.312 97 | 25.682.294 » | 4.560.954 » | » |
| Sénégal. { Administration directe, | 3.124.800 » | 3.442.220 » | 3.124.800 » | 235.601 78 | 3.360.401 78 | 3.130.314 » | 311.906 » | » |
| { Pays de Protectorat. . | 4.947.000 » | 5.305.867 » | 4.947.000 » | 198.497 80 | 5 145.497 80 | 4.808.312 » | 497.555 » | » |
| Haut-Sénégal et Niger . . . . . . . . | 8.325.000 » | 8.963.342 » | 8.325.000 » | 586.200 » | 8.911.200 » | 8.616.963 » | 346.379 » | » |
| Guinée. . . . . . . . . . . . . . . | 6.192.000 » | 7.364.486 » | 6.192.000 » | 1.497.957 » | 7.689.957 » | 7.202.249 » | 162.237 » | » |
| Côte d'Ivoire . . . . . . . . . . . . | 5.474.254 » | 7.051.748 » | 5.474.254 » | 1.174.094 03 | 6.648.348 03 | 6.178.750 » | 872.998 » | » |
| Dahomey. . . . . . . . . . . . . . | 3.582.400 » | 4.462.995 » | 3.582.400 » | 855.904 90 | 4.438.304 90 | 4.181.860 » | 281.135 » | » |
| Territoire militaire du Niger . . . | 1.510.000 » | 1.602.880 » | 1.510.000 » | 66.000 » | 1.576.000 » | 1.461.343 » | 144.537 » | » |
| Mauritanie. . . . . . . . . . . . | 1.619.300 » | 1.715.505 » | 1.619.300 » | » | 1.619.300 » | 1.615.354 » | 100.154 » | » |
| Totaux . . . . . . . | 55.649.754 » | 70.152.291 » | 55.649.754 » | 13.241.568 48 | 68.891.322 48 | 62.877.436 » | 7.274.855 » | » |
| Chemin de fer de Kayes-Niger (1) . . | 2.420.500 » | 2.727.716 32 | 2.420.500 » | » | 2.420.500 » | 1.948.127 74 | 779.588 61 | » |
| — de Conakry au Niger | 3.060.000 » | 4.472.342 64 | 3.060.000 » | » | 3.060.000 » | 2.369.875 43 | 2.102.467 21 | » |
| — de la Côte d'Ivoire . | 760 000 » | 1.130.878 35 | 760.000 » | » | 760.000 » | 752.820 53 | 378,057 82 | » |
| — de Thiès à Kayes . . | 1.460.000 » | 1.222.234 62 | 1.460.000 » | 40.780 45 | 1.500.780 45 | 832.680 12 | 389.554 50 | » |
| Port de Dakar . . . . . . . . . . . : | 310.000 » | 331.339 » | 310.000 » | 20.600 » | 330.600 » | 317.333 » | 14.006 » | » |
| Totaux . . . . . . . | 8.010.500 » | 9.884.510 93 | 8.010.500 » | 61.380 45 | 8.071.880 45 | 6.220.836 79 | 3.663.674 14 | » |
| Budget général et budgets locaux . | 55.649.754 » | 70.152.291 » | 55.649.754 » | 13.241.568 48 | 68.891.322 48 | 62.877.436 » | 7.274.855 » | » |
| Budgets des Chemins de fer . . . | 8.010.500 » | 9.884.510 93 | 8.010.500 » | 61.380 45 | 8.071.880 45 | 6.220.836 79 | 3.663.674 14 | » |
| Totaux généraux . . . . . . | 63.660.254 » | 80.036.801 93 | 63.660.254 » | 13.302.948 93 | 76.963.202 93 | 69.098.272 79 | 10.938.529 14 | » |

(1) Y compris le Chemin de fer de Kayes-Ambidédi.

Ce tableau montre que les recettes budgétaires de l'Afrique occidentale française se sont élevées,. en 1911, à 80,036,801 francs pour 69,098,272 francs de dépenses, soit un excédent de 10,938,529 francs. Dans cette somme, le budget général figure pour 4,560,954 francs ; les budgets des Chemins de fer, pour 3,663,674 francs, et les budgets locaux, pour 2,713,901 francs, la plus grosse part appartenant à la Côte d'Ivoire (872,998 fr.) et la plus petite, à la Mauritanie (100,154 fr.).

Mais les chiffres accusés par les comptes administratifs ne donnent pas le montant exact des ressources propres aux Colonies ou Services publics qu'ils concernent. Par suite de la pénétration des divers budgets — pénétration qu'implique cette solidarité des divers organismes qui est à la base même du Gouvernement général — par suite du jeu des subventions et contributions, par suite aussi des prélèvements sur les Caisses de réserve et de l'utilisation de l'excédent de leur maximum légal, ces ressources se trouvent grossies de sommes qui figurent pour deux fois leur valeur dans les résultats d'ensemble que fournit le tableau précédent ou qui, par leur origine, sortent du cadre des revenus ordinaires. L'état ci-après donne le montant des produits et revenus perçus au titre de chaque budget, en 1911, déduction faite des subventions, contributions, prélèvements sur la Caisse de réserve et excédents de leur maximum.

**Tableau des impôts et revenus ordinaires recouvrés par les budgets de l'Afrique occidentale française, exercice 1911, déduction faite des subventions, versements de l'excédent des Caisses de réserve, prélèvements sur les Caisses de réserve, etc.**

| BUDGETS | ENSEMBLE des RECETTES recouvrées | Contribution des Colonies | VERSEMENT de l'excédent sur le maximum des Caisses de réserve et prélèvements | SUBVENTION du budget général | SUBVENTION du budget des Pays de Protectorat du Sénégal | SUBVENTION du budget du Haut-Sénégal et Niger | TOTAL à déduire | MONTANT DES IMPOTS et revenus recouvrés au cours de l'exercice 1911 |
|---|---|---|---|---|---|---|---|---|
| **1° BUDGET GÉNÉRAL ET BUDGETS LOCAUX.** | | | | | | | | |
| Budget général | 30.243.248 | 500.000 | 5.118.929 | » | » | » | 5.618.929 | 24.624.319 |
| Sénégal { Administration directe. | 3.442.220 | » | » | 700.000 | 931.900 | » | 1.631.900 | 1.810.320 |
| Sénégal { Pays de Protectorat... | 5.305.867 | » | » | » | » | » | » | 5.305.867 |
| Guinée | 7.364.486 | » | 630.000 | » | » | » | 630.000 | 6.734.486 |
| Côte d'Ivoire | 7.051.748 | » | » | 2.063.000 | » | » | 2.063.000 | 4.988.748 |
| Dahomey | 4.462.995 | » | 600.000 | 1.700.000 | » | » | 2.300.000 | 2.162.995 |
| Haut-Sénégal et Niger | 8.963.342 | » | 296.921 | » | » | » | 296.921 | 8.666.421 |
| Territoire militaire du Niger | 1.602.880 | » | » | » | » | 300.000 | 300.000 | 1.302.880 |
| Mauritanie | 1.715.505 | » | » | 800.000 | » | » | 800.000 | 915.505 |
| Totaux | 70.152.291 | 500.000 | 6.645.850 | 5.263.000 | 931.900 | 300.000 | 13.640.750 | 56.511.541 |
| **2° CHEMINS DE FER ET PORT.** | | | | | | | | |
| Thiès–Kayes | 1.222.234 | » | » | » | » | » | » | 1.222.234 |
| Kayes-Niger | 2.727.716 | » | » | » | » | » | » | 2.727.716 |
| Conakry-Niger | 4.472.343 | » | » | » | » | » | » | 4.472.343 |
| Côte d'Ivoire | 1.130.878 | » | » | » | » | » | » | 1.130.878 |
| Totaux pour les Chemins de fer | 9.553.171 | » | » | » | » | » | » | 9.553.171 |
| Port de Dakar | 331.339 | » | » | 90.000 | » | » | 90.000 | 241.339 |
| Totaux pour les Chemins de fer et le Port... | 9.884.510 | » | » | 90.000 | » | » | 90.000 | 9.794.510 |
| TOTAL GÉNÉRAL pour tous les budgets de l'Afrique occidentale française. | | | | | | | | 66.306.051 |

Ainsi, le montant des revenus ordinaires propres aux divers budgets s'est élevé, en 1911, à 66,306,051 francs. Cette somme est l'expression exacte de la capacité financière de l'Afrique occidentale française pendant l'année envisagée.

Parmi ces produits, les plus importants sont : pour le budget général, les droits de Douane et les recettes des Chemins de fer; pour les budgets locaux, l'impôt personnel, les patentes, licences et droits de circulation sur les dioulas, enfin les recettes postales et télégraphiques.

L'état ci-après montre que les droits de Douane, qui rapportaient 8,854,154 francs en 1899, ont produit 23,940,241 francs en 1911. Leur revenu a donc presque triplé en douze ans. Sans doute, les modifications de taxes inscrites aux décrets du 14 avril 1905, l'augmentation des droits sur l'alcool, consacrée par le décret du 30 novembre 1907, ont contribué à ce résultat. Mais il procède essentiellement du développement du commerce extérieur qui s'est élevé de 129 millions en 1900 à 270 millions en 1911.

**Tableau des recettes douanières de l'Afrique occidentale française de 1899 à 1911.**

| ANNÉES | SÉNÉGAL | HAUT-SÈNÉGAL ET NIGER (1) | GUINÉE | COTE D'IVOIRE | DAHOMEY | TOTAUX |
|---|---|---|---|---|---|---|
| 1899......... | 3.851.761 | » | 1.136.175 | 1.548.347 | 3.317.971 | 8.854.154 |
| 1900......... | 3.815.623 | » | 1.582.017 | 1.763.560 | 2.648.293 | 9.808.493 |
| 1901......... | 5.597.219 | » | 1.111.658 | 1.527.636 | 3.580.225 | 11.818.738 |
| 1902......... | 4.018.643 | » | 1.293.141 | 2.090.557 | 4.426.529 | 11.828.870 |
| 1903......... | 5.588.634 | » | 1.971.349 | 1.955.878 | 3.539.467 | 13.055.328 |
| 1904......... | 4.770.636 | » | 1.709.458 | 2.513.935 | 3.752.584 | 12.742.613 |
| 1905......... | 5.388.741 | » | 2.554.435 | 2.465.578 | 3.186.841 | 13.595.595 |
| 1906......... | 6.709.473 | » | 2.713.750 | 2.646.068 | 3.656.947 | 15.726.238 |
| 1907......... | 6.503.720 | » | 3.004.785 | 3.289.258 | 4.488.741 | 17.286.504 |
| 1908......... | 6.858.267 | » | 2.240.855 | 2.735.663 | 3.145.167 | 14.979.952 |
| 1909......... | 8.252.247 | » | 3.250.203 | 2.564.876 | 4.953.589 | 19.020.915 |
| 1910......... | 8.820.234 | 731.480 | 4.026.194 | 3.440.198 | 6.687.475 | 23.705.271 |
| 1911......... | 8.057.794 | 763.765 | 3.596.714 | 4.328.976 | 7.192.992 | 23.940.241 |

(1) Le bureau de Kayes a été ouvert en 1907 mais ses recettes ont été comprises dans celles du Sénégal jusqu'en 1909.

Les recettes des Chemins de fer exploités en régie, depuis 1907, sont données par l'état, ci-après, qui indique également, pour chaque entreprise, le montant des dépenses et le bénéfice réalisé. On y voit que ce bénéfice, qui s'élevait, pour l'ensemble des voies ferrées, à 508,214 francs en 1907, a atteint 848,343 francs en 1908, 1,802,997 francs en 1909, 1,983,906 francs en 1910, pour arriver à 3,389,493 francs en 1911. Ces chiffres ne comprennent pas la part de l'Etat dans les bénéfices du Kayes-Niger.

## Résultats de l'exploitation des Chemins de fer du Gouvernement général de 1907 à 1911.

| EXERCICES | KAYES-NIGER | | | CONAKRY-NIGER | | | COTE D'IVOIRE | | | THIÈS-KAYES | | | KAYES-AMBIDÉDI | | | TOTAUX GÉNÉRAUX | | | EXCÉDENT DE RECETTES versé au budget général |
|---|---|---|---|---|---|---|---|---|---|---|---|---|---|---|---|---|---|---|---|
| | RECETTES | DÉPENSES | EXCÉDENT | RECETTES | DÉPENSES | EXCÉDENT | RECETTES | DÉPENSES | EXCÉDENT | RECETTES | DÉPENSES | EXCÉDENT | RECETTES | DÉPENSES | EXCÉDENT | RECETTES | DÉPENSES | EXCÉDENT | |
| 1907 | (1) 3.735.697 52 | (1) 3.249.110 22 | 486.587 30 | 1.350.473 58 | 1.157.347 15 | 193.126 43 | 305.292 73 | 305.093 46 | 199 27 | » | » | » | » | » | » | 5.391.463 83 | 4.711.550 83 | 679.943 » | 508.214 29 |
| 1908 | (1) 4.554.024 50 | (1) 3.841.333 31 | 712.691 19 | 1.483.136 76 | 1.225.457 71 | 257.679 05 | 689.334 13 | 559.825 60 | 129.505 53 | » | » | » | » | » | » | 6.726.492 39 | 5.626.616 62 | 1.099.875 77 | 848.343 77 |
| 1909 | (1) 4.126.987 03 | (1) 3.561.496 97 | 565.490 06 | 2.627.848 53 | 1.422.597 76 | 1.205.250 77 | 783.643 78 | 649.141 88 | 134.501 90 | » | » | » | 8.129 » | 7.161 58 | 967 42 | 7.546.608 34 | 5.640.398 19 | 1.906.210 15 | 1.802.997 15 |
| 1910 | 2.847.398 30 | 1.855.626 80 | (2) 991.774 50 | 3.086.195 28 | 1.871.235 51 | 1.214.959 77 | 791.373 10 | 677.350 37 | 114.022 73 | 952.407 37 | 950.592 49 | 1.814 88 | 36.479 65 | 25.191 89 | 11.287 76 | 7.743.853 70 | 5.379.997 06 | 2.333.856 64 | 1.983.906 64 |
| 1911 | 2.686.020 27 | 1.906.431 66 | (2) 779.588 61 | 4.472.342 64 | 2.369.875 43 | 2.102.467 24 | 1.130.878 35 | 752.820 53 | 378.057 82 | 1.222.234 62 | 832.680 12 | 389.554 50 | 41.696 05 | 26.786 42 | 14.909 93 | 9.553.171 93 | 5.888.593 86 | 3.664.578 07 | 3.389.493 » |

(1) Les recettes et dépenses du Kayes-Niger comprennent, pour les exercices 1907, 1908, 1909, une somme de 1,417,000 francs pour remboursement des avances consenties par le Trésor. Cette somme représente le montant de la subvention versée par le budget général (917,000 fr.) et par le budget de l'Etat (500,000 fr.). En 1910 et 1911 le remboursement est effectué directement par le budget général et le budget de l'Etat.

(2) Ces sommes comprennent la part de l'Etat $\left(\frac{500.000}{1.417.000}\right)$ et celle du Gouvernement général $\left(\frac{917.000}{1.417.000}\right)$ dans les bénéfices nets.

Les recettes provenant de l'impôt de capitation ont suivi, depuis dix ans, une progression remarquable. Le tableau ci-dessous montre que pendant cette période elles sont passées de 6,664,779 francs à 22,030,651 francs, soit un gain moyen annuel de 1,500,000 francs environ.

Si l'on compare l'importance du produit de la perception en 1911 au chiffre de la population totale de l'Afrique occidentale française — environ 12 millions d'habitants — on trouve que cet impôt, qui varie, suivant les circonscriptions, de 0 fr. 50 à 5 francs, représente une charge moyenne d'environ 1 fr. 85 par individu. C'est dire que les budgets locaux possèdent, de ce côté, pour l'avenir, des réserves importantes que le progrès de notre domination, le développement économique du pays, le perfectionnement des recensements et des recouvrements permettront d'appeler progressivement sans dépasser les bornes d'une fiscalité modérée. Seule, la colonie du Dahomey, aurait atteint, à cet égard, une limite que les facultés contributives de ses habitants ne permettraient d'augmenter qu'insensiblement. Dans les autres Colonies du groupe, au contraire, les possibilités d'extension de cette contribution restent, au dire des autorités locales, importantes. Il est intéressant de signaler qu'au cours de son avant-dernière session, le Conseil général du Sénégal a étendu, sans distinction, aux habitants des communes qui y échappaient, l'impôt de capitation.

**Etat, par Colonies, du produit de l'impôt personnel de 1902 à 1911 inclus.**

| EXERCICES | SÉNÉGAL | | HAUT-SÉNÉGAL et NIGER | MAURITANIE | GUINÉE | COTE D'IVOIRE | DAHOMEY | TOTAL | MONTANT des RECETTES totales des budgets | % |
|---|---|---|---|---|---|---|---|---|---|---|
| | Administration directe | pays de protectorat | | | | | | | | |
| 1902... | » | » | 2.983.711 | » | 2.550.170 | 498.382 | 632.516 | 6.664.779 | 27.137.087 | 24 |
| 1903... | » | 3.047.554 | 3.559.114 | » | 2.788.075 | 546.107 | 663.920 | 10.604.770 | 34.439.376 | 30 |
| 1904... | » | 3.353.808 | 4.136.981 | 47.668 | 3.668.229 | 776.993 | 699.082 | 12.682.761 | 36.638.082 | 34 |
| 1905... | » | 3.292.918 | 4.636.296 | 136.282 | 4.067.381 | 910.696 | 695.188 | 13.738.761 | 41.739.458 | 33 |
| 1906... | 75.578 | 3.227.962 | 4.957.515 | 216.457 | 4.361.567 | 1.183.204 | 780.489 | 14.802.772 | 44.812.668 | 33 |
| 1907... | 124.725 | 3.789.998 | 5.458.499 | 271.895 | 4.651.575 | 1.438.510 | 1.066.798 | 16.801.930 | 49.054.917 | 34 |
| 1908... | 121.756 | 3.952.039 | 6.164.278 | 346.468 | 4.791.950 | 1.713.495 | 1.104.844 | 18.194.830 | 58.310.912 | 31 |
| 1909... | 135.161 | 4.034.940 | 6.657.199 | 482.116 | 4.865.148 | 2.183.004 | 1.216.974 | 19.604.541 | 55.852.536 | 35 |
| 1910... | 114.886 | 3.988.079 | 7.108.724 | 534.859 | 5.167.050 | 2.362.081 | 1.257.146 | 20.532.825 | 61.391:554 | 33 |
| 1911... | 115.777 | 4.628.733 | 7.288.680 | 593.218 | 5.250.648 | 2.872.772 | 1.280.828 | 22.030.651 | 70.152.291 | 31 |

Les recettes des patentes, licences et taxes de colportage, qui produisaient 765,218 francs en 1902, ont rapporté 2,205,522 francs en 1910 et 2,184,274 francs en 1911. On voit apparaître, dès cette dernière année, le fléchissement amené par la suppression des patentes de colportage en Mauritanie. Depuis, cette mesure, dans le but de favoriser le commerce intérieur, a été étendue à tout le Gouvernement général. Fort heureusement, la création concomitante du droit fixe de circulation sur les dioulas indigènes, droit dont le produit tend à s'accroître très sensiblement, est venu combler une partie de la moins-value causée par la suppression des patentes de colporteurs.

**État, par Colonies, des recettes de patentes, licences et taxes de colportage, de 1902 à 1911 inclus.**

| EXERCICES | SÉNÉGAL | | HAUT-SÉNÉGAL et NIGER | MAURITANIE | GUINÉE | COTE D'IVOIRE | DAHOMEY | TOTAL | MONTANT des RECETTES totales des budgets | % |
|---|---|---|---|---|---|---|---|---|---|---|
| | Administration directe | Pays de protectorat | | | | | | | | |
| 1902... | 318.930 | » | 181.358 | » | 182.295 | 82.635 | » | 765.218 | 27.137.087 | 2,8 |
| 1903... | 325.821 | 57.784 | 195.606 | » | 167.022 | 106.585 | » | 849.818 | 34.439.376 | 2,5 |
| 1904... | 307.464 | 103.850 | 229.500 | » | 156.070 | 283.290 | » | 1.080.174 | 36.638.082 | 2,9 |
| 1905... | 253.988 | 80.074 | 262.044 | 2.789 | 157.238 | 342.429 | » | 1.098.562 | 41.739.458 | 2,6 |
| 1906... | 299.028 | 111.897 | 257.270 | 2.861 | 270.470 | 323.322 | » | 1.264.848 | 44.812.668 | 2,8 |
| 1907... | 332.915 | 130.308 | 391.847 | 45.964 | 308.630 | 402.799 | 197.457 | 1.809.920 | 49.054.917 | 3,7 |
| 1908... | 390.257 | 141.331 | 443.377 | 106.698 | 303.053 | 390.778 | 183.299 | 1.888.793 | 58.310.912 | 3,2 |
| 1909... | 360.953 | 182.440 | 488.255 | 110.365 | 371.531 | 256.987 | 162.418 | 1.932.958 | 55.852.536 | 3,4 |
| 1910... | 396.539 | 171.194 | 581.420 | 100.987 | 444.479 | 290.279 | 220.924 | 2.205.522 | 61.391.554 | 3,6 |
| 1911... | 343.233 | 242.712 | 596.703 | 7.068 | 447.436 | 322.300 | 224.822 | 2.184.274 | 70.152.291 | 3,1 |

Les recettes postales et télégraphiques sont en progrès depuis dix ans, passant de 570,337 fr. en 1902 à 1,263,235 francs en 1911. Il ne pouvait en être autrement avec l'extension du réseau télégraphique, la multiplication des bureaux, l'occupation tous les jours plus complète du pays, l'activité qui s'y manifeste.

**État, par Colonies, des recettes des Postes et Télégraphes, de 1902 à 1911 inclus.**

| EXERCICES | SÉNÉGAL | | HAUT-SÉNÉGAL et NIGER | MAURITANIE | GUINÉE | COTE D'IVOIRE | DAHOMEY | TOTAL | MONTANT des RECETTES totales des budgets | % |
|---|---|---|---|---|---|---|---|---|---|---|
| | Administration directe | Pays de protectorat | | | | | | | | |
| 1902... | 271.287 | | 121.639 | » | 52.086 | 51.248 | 74.077 | 570.337 | 27.137.087 | 2,10 |
| 1903... | 308.294 | | 146.297 | » | 64.864 | 117.321 | 77.726 | 714.502 | 34.439.376 | 2,07 |
| 1904... | 331.556 | | 172.273 | » | 93.412 | 130.082 | 72.326 | 799.649 | 36.638.082 | 2,18 |
| 1905... | 342.416 | » | 166.685 | » | 92.789 | 119.652 | 66.933 | 788.175 | 41.739.458 | 1,87 |
| 1906... | 409.975 | » | 144.413 | » | 122.456 | 111.378 | 81.149 | (1) 869.371 | 44.812.668 | 1,94 |
| 1907... | 474.317 | » | 149.996 | 7.119 | 125.434 | 125.053 | 132.282 | (1) 1.014.201 | 49.054.917 | 2,06 |
| 1908... | 53.716 | 222.113 | 172.017 | 9.030 | 129.799 | 125.708 | 84.966 | 797.349 | 58.310.912 | 1,36 |
| 1909... | 405.200 | » | 179.270 | 19.376 | 136.764 | 109.576 | 87.415 | 937.349 | 55.852.536 | 1,67 |
| 1910... | 510.277 | » | 198.958 | 22.133 | 186.754 | 128.280 | 95.523 | 1.141.925 | 61.391.554 | 1,85 |
| 1911... | 508.718 | » | 229.023 | 22.614 | 238.176 | 150.821 | 113.882 | 1.263.235 | 70.152.291 | 1,80 |

(1) Chiffres des comptes définitifs grossis par suite de perceptions postales effectuées à tort au profit du Service local au Sénégal et au Dahomey (colis postaux grevés de remboursement).

Mais, ici comme dans la plupart des pays, les recettes des Postes et Télégraphes sont loin de compenser les dépenses d'exploitation qui, en 1911, se sont élevées à 2,890,951 francs, non compris l'amortissement des frais d'établissement des lignes télégraphiques imputées sur les emprunts, ni les subventions aux services postaux.

**Recettes et dépenses des Postes et Télégraphes en 1911**

| DÉSIGNATION DES COLONIES | RECETTES | DÉPENSES | EXCÉDENT DES DÉPENSES sur les recettes |
|---|---|---|---|
| Sénégal | 508.718 10 | 794.177 49 | 285.459 39 |
| Haut-Sénégal et Niger | 207.550 48 | 614.918 87 | 407.368 39 |
| Guinée | 238.176 36 | 451.910 37 | 213.734 01 |
| Côte d'Ivoire | 150.821 40 | 527.102 35 | 376.280 95 |
| Dahomey. | 113.882 54 | 272.971 11 | 159.088 57 |
| Territoire militaire du Niger | 21.472 72 | 138.484 05 | 117.011 33 |
| Mauritanie | 22.614 02 | 91.386 28 | 68.772 26 |
| Totaux | 1.263.235 62 | 2.890.950 52 | 1.627.714 90 |

Les autres recettes des budgets locaux sont généralement en progrès. Parmi celles qui revêtent un caractère industriel, les produits du wharf de Bassam se placent au premier rang, passant de 111,507 francs en 1907 à 593,790 francs en 1911. Le wharf de Cotonou, dont l'exploitation a été confiée, à partir du 1er janvier 1910, à la Compagnie des Chemins de fer du Dahomey qui agit pour le compte de la Colonie, voit, au contraire, ses recettes descendre de 85,139 francs en 1910 à 59,580 fr. en 1911. Cet instrument est l'objet, depuis quelques mois, de très importantes réparations, à la suite desquels sa capacité de travail sera considérablement augmentée. Le budget général y a affecté une somme de 1,478,830 francs. Dans la même Colonie. les recettes du tramway de Porto-Novo-Sakété se sont élevées de 25,303 francs en 1907 à 168,673 francs en 1911 pour 40 kilomètres exploités au cours de cette dernière année.

Nous avons vu que, pour l'ensemble du budget général et des budgets locaux, les dépenses se sont élevées, en 1911, à 62,877,436 francs dont 25,682,294 francs pour le budget général et 37,195,142 francs pour les budgets locaux.

J'aurais voulu pouvoir donner ici, pour tous ces budgets, la répartition de leurs dépenses classées dans les conditions indiquées par la circulaire ministérielle du 28 septembre 1911, en dettes exigibles, dépenses politiques et d'Administration générale, dépenses des Services judiciaires, dépenses d'intérêt économique, dépenses d'intérêt social, dépenses imprévues. Il ne m'est possible de fournir ce renseignement que pour les budgets dont le compte administratif est, à ce jour, arrêté, savoir : le budget général, les deux budgets du Sénégal, le budget de la Côte d'Ivoire et celui du Dahomey.

**Pourcentage des dépenses, par catégories, effectuées au cours de l'exercice 1911.**

| NATURE DES DÉPENSES | BUDGET GÉNÉRAL | SÉNÉGAL ADMINITRATION directe | SÉNÉGAL PAYS de protectorat | COTE D'IVOIRE | DAHOMEY |
|---|---|---|---|---|---|
| Dettes exigibles | 42,9 | » | » | 2,10 | » |
| Dépenses politiques et d'Administration générale. ( Proprement dites | 11,8 | 23 | 45,1 | 54 | 52,6 |
| ( Subventions | 23,9 | | | | |
| Dépenses des Services financiers | 7,02 | 9 | 11,1 | 4,5 | 7,5 |
| — d'intérêt économique | 11,4 | 50 | 26,4 | 25,5 | 27,6 |
| — d'intérêt social | 0,3 | 15 | 16 | 6,4 | 9,3 |
| Autres dépenses (dépenses imprévues) | 2,5 | 3 | 1,4 | 7,5 | 3 |

# EXERCICE 1912

Les prévisions pour cet exercice sont réparties entre les budgets de la manière qu'indique le tableau ci-après, qui donne également le montant des subventions, des recettes extraordinaires et met en relief l'importance des produits des impôts et revenus ordinaires escomptés.

**Tableau des impôts et revenus ordinaires prévus aux budgets de l'Afrique occidentaie française, exercice 1912, déduction faite des subventions, versements de l'excédent des Caisses de réserve, prélèvements sur les Caisses de réserve, etc.**

| BUDGETS | ENSEMBLE des RECETTES prévues | CONTRIBUTION des Colonies | A DÉDUIRE | | | | | | MONTANT DES IMPOTS et revenus escomptés pour l'année 1912 |
| | | | VERSEMENT de l'excédent sur le maximum des Caisses de réserve | SUBVENTION du budget général | SUBVENTION du budget des Pays de Protectorat du Sénégal | Prélèvements sur les Caisses de réserve | Subvention du budget du Haut-Sénégal et Niger | TOTAL à déduire | |
|---|---|---|---|---|---|---|---|---|---|
| **1° BUDGET GÉNÉRAL ET BUDGETS LOCAUX** | | | | | | | | | |
| Budget général ........... | 25.820.000 | » | 3.146.722 | » | » | » | » | 3.146.722 | 22.673.278 |
| Sénégal. { Administon directe. | 2.561.777 | » | » | 705.280 | 766.697 | » | » | 1.471.977 | 1.089.800 |
| Sénégal. { Pays de protectorat. | 6.563.935 | » | 676.000 | 94.720 | » | » | » | 770.720 | 5.793.215 |
| Guinée ................. | 6.740.000 | » | » | » | » | 300.000 | » | 300.000 | 6.440.000 |
| Côte d'Ivoire ............ | 5.919.326 | » | » | 1.900.000 | » | » | » | 1.900.000 | 4.019.328 |
| Dahomey ............. | 3.839.200 | » | » | 1.825.000 | » | » | » | 1.825.000 | 2.014.200 |
| Haut-Sénégal et Niger....... | 8.425.000 | » | 300.000 | » | » | » | » | 300.000 | 8.125.000 |
| Territoire militaire du Niger .. | 1.385.000 | » | » | » | » | » | 275.000 | 275.000 | 1.110.000 |
| Mauritanie ............. | 1.565.600 | » | » | 800.000 | » | » | » | 800.000 | 765.000 |
| Totaux........... | 62.819.840 | » | 4.122.722 | 5.325.000 | 766.697 | 300.000 | 275.000 | 10.789.419 | 52.030.421 |
| **2° CHEMINS DE FER ET PORTS** | | | | | | | | | |
| Thiès-Kayes ............. | 2.236.960 | » | » | » | » | » | » | » | 2.236.960 |
| Kayes-Niger.............. | 2.455.000 | » | » | » | » | » | » | » | 2.455.000 |
| Conakry-Niger ........... | 4.152.000 | » | » | » | » | . | » | » | 4.152.000 |
| Côte d'Ivoire ............ | 1.015.000 | » | » | » | » | » | » | » | 1.015.000 |
| Totaux pour les Chemins de fer ......... | 9.858.960 | » | » | » | » | » | » | » | 9.858.960 |
| Port de Dakar........... | 686.500 | » | » | 437.500 | » | » | » | 437.500 | 249.000 |
| Totaux pour les Chemins de fer et le Port.... | 10.545.460 | » | » | 437.500 | » | » | » | 437.500 | 10.107.960 |
| TOTAL GÉNÉRAL pour tous les budgets de l'Afrique occidentale française .. | | | | | | | | | 62.138.381 |

En ce qui concerne le budget général, la centralisation des recettes et des dépenses des dix premiers mois permet de considérer, dès à présent, que l'exercice 1912 se soldera par un important excédent des recettes.

Les revenus des douanes s'élèvent, en effet, au 1er novembre, à 18,190,398 francs, en plus-value de 1,331,898 francs sur les prévisions.

D'autre part, les excédents des recettes des Chemins de fer en 1911, versés aux recettes ordinaires du budget général de 1912, en exécution du décret du 13 janvier dernier, atteignent 3,389,493 francs, en augmentation de 1,389,493 francs sur les sommes escomptées.

Enfin, si le chapitre des produits divers présente une moins-value de 554,612 francs, provenant de l'évaluation trop élevée de l'excédent du maximum de la Caisse de réserve au moment de la préparation du budget, il profite, par contre, d'une recette non prévue de 218,132 francs au titre des exercices antérieurs et de diverses majorations, notamment sur la perception des intérêts de retard sur traites de douanes.

Du côté des dépenses, il est d'ores et déjà certain qu'une somme d'environ 500,000 francs, provenant des crédits inscrits à plusieurs chapitres, restera inemployée en fin d'exercice sur les fonds du budget général. D'autre part, les besoins nouveaux constatés en cours d'exercice ont pu être satisfaits au moyen de virements sur les disponibilités du chapitre Ier : *Dettes exigibles, Première annuité de la première tranche de l'emprunt de 150 millions,* qui reste sans emploi. Aucun crédit supplémentaire n'est donc à prévoir pour le budget général en 1912, exception faite, bien entendu, des reports de sommes provenant de la Caisse de réserve pour l'exécution de travaux spéciaux. Nous sommes ainsi assurés d'un excédent de recettes qui ne sera pas inférieur à 3 milions et demi à la clôture de l'exercice.

### Résultats de l'exercice 1912 au 1er novembre 1912.

| BUDGETS | | RECETTES | DÉPENSES | EXCÉDENT DES RECETTES sur les dépenses |
|---|---|---|---|---|
| Budget général | | 24.680.000 | 19.985.000 | 4.695.000 |
| Sénégal . | Administration directe | 1.806.000 | 1.451.000 | 355.000 |
| | Pays de protectorat | 5.630.000 | 4.835.000 | 795.000 |
| Guinée | | 6.618.352 | 5.427.363 | 1.190.989 |
| Côte d'Ivoire | | 6.348.950 | 4.295.303 | 2.053.647 |
| Dahomey | | 4.667.540 | 3.785.792 | 881.748 |
| Haut-Sénégal et Niger | | 8.252.179 | 5.310.530 | 2.941.649 |
| Territoire militaire du Niger | | 1.258.154 | 822.968 | 435.186 |
| Mauritanie | | 1.545.390 | 1.193.908 | 351.482 |
| Totaux | | 60.806.565 | 47.106.864 | 13.699.701 |
| | | | 13.699.701 | |

Les renseignements parvenus au Gouvernement général sur la manière dont se poursuit, pour les budgets locaux, l'année budgétaire 1912 sont, dans l'ensemble, favorables. Pourtant, la Guinée devra faire appel à sa Caisse de réserve pour faire face au paiement d'importantes dépenses d'exercices clos et au règlement des frais qu'elle a eu à supporter du fait des opérations militaires de ces dernières années.

Il est bien entendu que les chiffres du tableau ci-dessus, qui donne la physionomie de l'exercice au 1er novembre 1912, n'ont qu'une valeur très relative. S'ils permettent de considérer que la perception des recettes se poursuit dans de bonnes conditions, ils ne fournissent qu'une idée imparfaite des dépenses par suite du retard inévitable qui se produit dans la régularisation des paiements effectués dans la Métropole et dans les cercles éloignés des chefs-lieux. Des crédits supplémentaires importants seront d'ailleurs indispensables. L'insuffisance des prévisions provient essentiellement de ce que les budgets pour 1912 ont été établis en avril et mai 1911, c'est-à-dire à une époque où il était extrêmement difficile d'évaluer les recettes probables dont on disposerait l'année suivante et, par conséquent, la mesure dans laquelle les besoins pourraient être satisfaits ; d'autre part, les Administrations locales ont eu à parer, en cours d'exercice, aux conséquences de situations exceptionnelles, tels que les raz-de-marée qui, par deux fois, ont endommagé le wharf de Grand-Bassam et l'apparition de cas de fièvre jaune au Sénégal. D'un autre côté, depuis l'établissement du budget, les soldes de plusieurs corps locaux ou métropolitains ont été augmentées ; une promotion particulièrement importante d'administrateurs-adjoints de 3e classe a eu lieu le 1er janvier 1912 ; enfin, d'importantes dépenses d'exercices clos, pour lesquelles il n'existait aucune prévision, sont à acquitter.

L'état ci-après montre l'importance des crédits supplémentaires demandés ou à demander par les Administrations intéressées au titre de 1912.

**Tableau comparatif des crédits supplémentaires accordés en 1911 et nécessaires en 1912.**

| BUDGETS | CRÉDITS SUPPLÉMENTAIRES | | OBSERVATIONS |
|---|---|---|---|
| | ACCORDÉS EN 1911 | PROBABLES EN 1912 | |
| Sénégal..... { Administration directe .......... | 235.602 | 603.800 | |
| Sénégal..... { Pays de protectorat............. | 198.498 | 556.500 | |
| Guinée................................... | 1.497.957 | 971.663 | (1) Y compris un prélèvement de 600,000 francs sur la Caisse de réserve pour le wharf de Cotonou, réintégré ultérieurement, le budget général ayant pris cette dépense à sa charge. |
| Côte d'Ivoire............................. | 1.174.094 | 399.705 | |
| Haut-Sénégal et Niger.................... | 586.200 | 373.140 | |
| Territoire militaire du Niger............. | 66.000 | » | |
| Mauritanie............................... | » | 157.146 | |
| Dahomey................................. | (1) 855.905 | 158.745 | |
| TOTAUX..................... | 4.614.256 | 3.220.699 | |

# EXERCICE 1913

**Budget général.** — Le projet de budget général, dressé pour l'exercice 1913, diffère très sensiblement du budget de 1912.

Par sa contexture d'abord. Etabli dans les conditions déterminées par la circulaire ministérielle du 28 septembre 1911, l'excédent du maximum de la Caisse de réserve y figure aux recettes extraordinaires, alors qu'il avait été, jusqu'à maintenant, inscrit aux recettes ordinaires. D'autre part, les dépenses ordinaires sont réparties en cinq grandes catégories : 1° Dettes exigibles ;

2° Dépenses politiques et d'administration générale (Gouvernement, Vice-Consulat de Monrovia, Imprimerie, Justice, Frais de voyage et de transport, Subventions aux Colonies, Dépenses diverses) ; 3° Dépenses des Services financiers (Direction du Contrôle financier, Trésor, Douane) ; 4° Dépenses d'intérêt économique (Inspection générale des Travaux publics, Bâtiments civils, Travaux publics et d'intérêt général, Service maritime, Service géographique) ; 5° Dépenses d'intérêt social (Inspection des Services sanitaires civils, Inspection de l'Instruction publique et Entretien des Ecoles) ; 6° Dépenses imprévues. Enfin, le chapitre des dépenses extraordinaires comporte l'inscription d'une prévision spéciale, pour l'exécution de travaux publics, strictement égale au montant de l'excédent du maximum de la Caisse de réserve. Jusqu'ici, les sommes provenant de prélèvements sur cette Caisse, toujours effectués en vue d'un but bien déterminé, figuraient seules aux dépenses extraordinaires. Les prévisions pour l'exécution des grands travaux publics seront donc, en 1913, réparties — un peu arbitrairement, il faut l'avouer, à défaut de critérium certain permettant cette division — en deux chapitres distincts du budget. Je note, en passant, que ce classement pourrait présenter des inconvénients si les propositions budgétaires de l'année nouvelle étaient formulées, non pas à la veille de l'ouverture de l'exercice, ce qui est le cas actuel, mais, comme il avait été fait depuis 1909, sept ou huit mois auparavant. Les résultats de l'exercice antérieur n'étant pas connus, on serait exposé à inscrire en dépense extraordinaire, pour l'exécution des travaux publics, une somme ne concordant pas avec l'excédent du maximum de la Caisse de réserve tel que le feraient apparaître les écritures à la clôture des comptes.

Il est également nécessaire de remarquer, ainsi que je l'ai laissé entrevoir plus haut, que la répartition des dépenses en cinq grandes catégories ne donne pas, appliquée au budget général, une idée exacte de la destination de ses ressources.

La classe des *Dépenses politiques et d'administration générale* comprend, en effet, certains chapitres, comme celui des *Dépenses diverses* et celui des *Frais de voyage et de transport*, qui supportent des charges intéressant les autres catégories. On y voit aussi figurer les *Subventions aux Colonies* et au *Port de Dakar* qui s'élèvent, dans l'ensemble, à 6,394,000 francs. Dans quelle mesure ces subventions contribuent-elles à la formation des diverses catégories de dépenses des budgets bénéficiaires ? Il est impossible de le déterminer. Si l'on ne tient pas compte de ces subventions, le pourcentage des sommes inscrites au budget général, au titre des dépenses politiques et administratives, n'atteint pas onze pour cent.

Le projet de budget général pour 1913 s'équilibre, en recettes et en dépenses, au chiffre de 31,830,000 francs, en excédent de 6,010,000 francs sur celui de 1912. Plusieurs éléments entrent dans cet excédent. Dabord, un prélèvement de 1,400,000 francs destiné à permettre la continuation des travaux de construction du Chemin de fer de Thiès à Kayes en attendant le vote de l'emprunt de 150 millions ; puis, une majoration de 1,232,417 francs au titre de l'excédent du maximum de la Caisse de réserve ; enfin, une augmentation de 3,377,583 francs des recettes ordinaires du budget.

Les produits des douanes sont prévus pour 23,600,000 francs, contre 20,230,200 francs en 1912, soit, en plus, 3,369,800 francs. Nous avons vu plus haut qu'ils ont atteint 19,020,915 francs en 1909, 23,705,271 francs en 1910 et 23,940,241 francs en 1911 ; pour les dix premiers mois de 1912, ils ont donné 18,190,398 francs. Les deux derniers mois étant toujours ceux pendant lesquelles les recettes sont de beaucoup le-plus élevées, il est à présumer que celles-ci atteindront de 23 millions à 23,500,000 francs pour l'année entière. La prévision de 23,600,000 francs paraît pouvoir être adoptée pour 1913, la nouvelle année s'ouvrant sous les meilleurs auspices par suite de l'abondance de la récolte au Sénégal. L'application du principe posé par le Département, à savoir que dans les grandes Colonies il est sage de prendre pour base la moyenne des trois derniers exercices réglés, majorés de la moyenne de la progression annuelle constatée au cours des trois dernières années, aurait donné une prévision de 24,681,805 francs.

Il est d'ailleurs à remarquer que si nous devons nous garder de tout optimisme exagéré dans l'évaluation des recettes et les calculer de manière que les prévisions soient toujours établies en deçà de la réalité, il y a, par contre, des inconvénients sérieux à les trop abaisser en vue de ménager, pour la clôture des comptes, d'importants excédents sur les dépenses. Ces excédents sont, en effet, aux termes des instructions ministérielles, versés à la Caisse de réserve et viennent alimenter le chapitre des dépenses extraordinaires du budget de la deuxième année qui suit l'exercice où ils auraient pu, par une plus juste appréciation, figurer aux recettes ordinaires et être immédiatement employés.

Les prévisions au titre du produit de l'exploitation des Chemins de fer sont inscrites pour 1,500,000 francs seulement, contre 2 millions en 1911. Ce chiffre nous est donné par les Directeurs des voies ferrées qui, à cette époque de l'année, ne peuvent guère se tromper sur les recettes qu'ils réaliseront. On sait, en effet, que, par application du décret du 13 janvier 1912, ce sont les recettes nettes de l'année 1912 qui profitent au budget général de 1913. Il faut attribuer le fléchissement à la médiocrité des récoltes des deux dernières années au Sénégal, à la baisse du prix du caoutchouc et peut-être aussi à la réduction apportée à certains tarifs de transports, notamment sur le Kayes-Niger. Il est surtout sensible pour ce dernier Chemin de fer et le Thiès-Kayes; le Conakry-Niger est pourtant, lui aussi, en diminution; par contre, les recettes du Chemin de fer de la Côte d'Ivoire sont en progrès sensible.

Les prévisions de l'article : *Produits divers*, sont en augmentation de 507,782 fr. 90. Dans cette somme figure un remboursement de 281,324 francs, par les fonds d'emprunt, au budget général. L'importance des disponibilités sur les crédits affectés par le décret du 18 septembre dernier à la liquidation des dépenses de construction et d'outillage du Port de Commerce permettra, en effet, de réintégrer à ce budget une partie des frais qu'il avait assumés pour l'exécution ou l'achèvement de divers ouvrages compris au programme des travaux. Sur 1,100,000 francs par lui avancés dans ces conditions, 419,000 francs resteront définitivement à sa charge, les 400,000 francs de différence représentant le montant de l'indemnité payée à MM. Jammy et Galtier, entrepreneurs du Port, qui lui sera également remboursée avant l'ouverture du prochain exercice.

Telle est la physionomie générale des recettes, qui ne comportent aucune création d'impôt, aucune augmentation de droits.

Aux dépenses, l'accroissement de 6,010,000 francs, sur les prévisions de 1912, comprend d'abord, comme nous l'avons vu plus haut, une somme de 1,400,000 francs, provenant d'un prélèvement d'égale somme sur la Caisse de réserve, destiné à permettre la continuation des travaux de construction du Thiès-Kayes en attendant le vote de l'emprunt de 150 millions. Sur le restant, soit 4,610,000 francs, une somme de 2,806,569 francs est affectée aux travaux publics et 401,861 francs aux dépenses scolaires et d'assistance.

Il serait trop long d'énumérer ici les ouvrages dont l'exécution en 1913 est projetée. La plupart font d'ailleurs partie de plans de campagne approuvés depuis longtemps. Notons cependant, parmi les travaux envisagés, la construction d'une jetée à Sassandra, la jonction des lagunes à la Côte d'Ivoire, l'étude des conditions d'utilisation du *Sénégal* et du *Niger* pour l'irrigation, l'étude des travaux de fixation de la barre du Sénégal, l'amélioration de la route de Savé au Niger, la construction d'un poste central de télégraphie sans fil à Tombouctou, la construction de puits au Sénégal et au Dahomey, l'extension des captages d'eau de la ville de Dakar, la construction de la ligne télégraphique du Thiès-Kayes, enfin, le presque achèvement du tronçon de voie ferrée Kouroussa-Kankan, pour lequel est inscrit une prévision de 2 millions. On se souvient qu'au moment où fut décidée la construction de cette portion de voie ferrée, la direction du Chemin de fer de Conakry au Niger escomptait, sur la troisième section, d'importantes économies qui devaient être reportées sur la nouvelle entreprise. Ces économies ne se sont pas réalisées et le budget général s'est ainsi trouvé engagé, sur ses ressources propres, dans la construction de 70 kilomètres de Chemin de fer, pour lesquels il aura dépensé, à la fin de 1913, environ 5,300,000 francs. La facilité avec laquelle il a pu assumer cette charge est la preuve de l'importance de ses ressources et de la souplesse de ses moyens. Il est cependant fort désirable qu'il soit dégagé le plus tôt possible de toute obligation de ce côté, de manière à pouvoir plus complètement répartir son action bienfaisante sur les Colonies.

Les subventions aux Colonies, dont le montant figurait pour 5,762,500 francs au budget de 1912, sont inscrites pour 6,394,000 francs au projet de budget de 1913, soit une augmentation de 631,500 fr. Mais le Gouvernement général prendra à sa charge, à partir de janvier prochain, et gérera directement l'Ecole normale, dont le transfert à Gorée est décidé, l'Ecole supérieure professionnelle et l'Ecole des Pupilles mécaniciens dont l'entretien était jusqu'ici assuré par la colonie du Sénégal au moyen d'une subvention du budget général égale à la dépense. Celle-ci devant s'élever à 226,333 francs en 1913, c'est, par rapport à 1912, une augmentation de 857,833 francs que nous aurions à enregistrer au titre de la contribution du Gouvernement général aux dépenses des Colonies, si cette mesure n'avait pas été décidée.

Le tableau ci-dessous montre ce que représente cette subvention par rapport aux ressources propres de chaque Colonie, dégagées de tout prélèvement sur la Caisse de réserve ou excédent du maximum de cette Caisse.

| COLONIES | REVENUS PROPRES à chaque budget (1) | SUBVENTIONS du BUDGET GÉNÉRAL | OBSERVATIONS |
|---|---|---|---|
| Sénégal .... { Administration directe .......... | 1.576.942 | 736.000 | (1) Montant des revenus nets escomptés pour l'année 1913, déduction faite des subventions et des versements de l'excédent sur le maximum des Caisses de réserve. |
| Pays de Protectorat............ | 6.004.345 | 142.000 | |
| Guinée............................ | 7.079.000 | » | |
| Côte d'Ivoire...................... | 4.967.899 | 1.900.000 | |
| Dahomey.......................... | 2.561.042 | 2.000.000 | (2) Ce chiffre ne comprend pas la subvention de 560,000 francs allouée au budget annexe du Port de Dakar. |
| Haut-Sénégal et Niger ........... | 8.678.084 | » | |
| Territoire militaire du Niger .......... | 1.308.320 | 135.000 | |
| Mauritanie ......................... | 793.200 | 921.000 | |
| TOTAUX ...................... | 32.968.832 | (2) 5.834.000 | |

Déduction faite des augmentations de prévision à chacun de ces divers titres — Construction du Thiès-Kayes, Travaux publics, Dépenses scolaires et d'assistance, Subventions — l'accroissement des dépenses de 1913, ramené à 770,070 francs, porte sur les différents organes d'Administration proprement dits. Les frais d'entretien du personnel y ont une large part ; l'application des décrets des 11 juillet et 2 mars 1912, fixant le nouveau régime de solde des agents européens des Douanes entraîne, à lui seul, une majoration des dépenses annuelles de 150,000 francs ; d'autre part, l'augmentation des cadres du personnel et le relèvement du traitement des gardes-frontières exige un relèvement de 170,000 francs ; l'organisation du personnel du Trésor, qui fait des employés de ce Service, jusqu'ici à la charge du Trésorier-Payeur, des fonctionnaires de la Colonie, nécessite une majoration de 27,450 francs. Les dépenses du Service géographique sont en augmentation de 155,800 francs par suite de l'extension projetée de ses ateliers de cartographie et de ses programmes de travaux. Enfin, l'accroissement du nombre des affaires, le développement des Services publics et le souci d'un meilleur rendement de l'Administration centrale, à Dakar, a décidé M. le Gouverneur général : d'une part, à envisager la création d'une Inspection des Douanes et d'une Inspection des Postes et Télégraphes ; d'autre part, à placer directement sous son autorité, l'Inspection des Domaines, l'Inspection des Postes et Télégraphes, l'Inspection de l'Enseignement, l'Inspection de l'Agriculture et l'Inspection des Services zootechniques, qui étaient jusqu'ici rattachées à la Direction des Affaires politiques, administratives et économiques. Les dépenses de chacun de ces organes sont inscrites à un chapitre spécial, sans qu'il en résulte une augmentation bien sensible des prévisions budgétaires, sauf pour l'Inspection des Douanes, dont la dotation augmente de 60,000 francs, et l'Inspection de l'Enseignement, qui voit inscrire, à côté de ses dépenses propres, celles qu'exige le fonctionnement de l'Ecole normale, de l'Ecole professionnelle, de l'Ecole des Pupilles mécaniciens, jusqu'ici dépendant du Sénégal, et d'une section préparatoire, à l'Ecole normale, pour les instituteurs européens, soit, ensemble, 249,000 francs. Cette somme est comprise dans le total de 401,861 fr. 62 représentant l'augmentation des dépenses d'intérêt social. Enfin, les crédits affectés à l'Inspection générale des Travaux publics passent de 162,103 francs à 233,181 francs ; le développement de ce Service, dont l'importance va grandissant avec l'augmentation des programmes de travaux, la nécessité de renforcer le personnel chargé des bâtiments civils à Dakar et la création d'un laboratoire des Mines exigeant ce relèvement des prévisions.

J'en aurai terminé avec cet exposé rapide des prévisions budgétaires pour 1913 quand j'aurai signalé qu'une somme de 1,350,000 francs a été inscrite au chapitre Ier pour le paiement des intérêts et de l'amortissement de l'emprunt projeté de 150 millions. Cette somme a été calculée de manière à permettre au Gouvernement général l'émission, en 1913, d'une première tranche de 30 millions en tenant compte, non seulement de la baisse des cours, mais encore du profit qu'aura très vraisemblablement la Colonie à émettre des obligations garanties par l'Etat rapportant, non pas 3 %, comme par le passé, mais 3 1/2 %, les impôts éventuels restant à la charge de la Colonie. L'adoption de ce type de valeurs permettrait ultérieurement une conversion favorable à ses intérêts, si, pendant la période d'amortissement, les cours venaient à dépasser sensiblement le pair.

**Budgets locaux.** — Les prévisions de recettes et de dépenses des budgets locaux, pour 1913, s'élèvent à 40,556,879 francs contre 36,999,840 francs en 1912.

Il ne saurait être question d'entrer ici dans le détail de l'économie de ces budgets. Celle-ci est traitée, avec tout le développement nécessaire, à l'exposé des motifs de chacun d'eux. Je signalerai simplement que le budget des Pays de protectorat du Sénégal cesse de subventionner le budget des Territoires d'Administration directe, qui est réduit à ses ressources propres, auxquelles s'ajoute la subvention du budget général. Par contre, le budget des Pays de protectorat prend directement à sa charge, pour une somme correspondante à l'aide qu'il aurait dû fournir pour l'équilibrer, divers chapitres de dépenses supportées jusqu'ici par le budget des Territoires d'Administration directe.

**Prévisions de recettes et de dépenses des budgets locaux pour 1913.**

| BUDGETS | | EXERCICE | | DIFFÉRENCE | |
|---|---|---|---|---|---|
| | | 1912 | 1913 | EN PLUS | EN MOINS |
| Sénégal .... | Administration directe.. | 2.561.777 » | 2.312.942 15 | » | 248.834 85 |
| | Pays de protectorat .... | 6.563.935 » | 6.158.838 71 | » | 405.096 29 |
| Guinée.......................... | | 6.740.000 » | 7.343.000 » | 603.000 » | » |
| Côte d'Ivoire.................... | | 5.919.328 » | 7.493.840 76 | 1.574.512 76 | » |
| Dahomey........................ | | 3.839.200 » | 5.066.275 » | 1.227.075 » | » |
| Haut-Sénégal et Niger.......... | | 8.425.000 » | 9.024.462 80 | 599.462 80 | » |
| Territoire militaire du Niger.... | | 1.385.000 » | 1.443.320 » | 58.320 » | » |
| Mauritanie...................... | | 1.565.600 » | 1.714.200 » | 148.600 » | » |
| Totaux.................. | | 36.999.840 » | 40.556.879 42 | 4.210.970 56 | 653.931 14 |
| Différence en plus pour 1913... | | 3.557.039 42 | | 3.557.039 42 | |

L'augmentation de 3,557,039 francs, par rapport à 1912, provient de la taxe personnelle pour 2,100,475 francs, des subventions du budget général pour 509,000 francs, des patentes et licences pour 260,000 francs, des droits de circulation sur les dioulas pour 106,906 francs, des Postes et Télégraphes pour 103,800 francs, des droits d'enregistrement pour 87,480 francs, etc.

Par contre, le produit des Domaines est en diminution de 225,805 francs; celui des Mines de 34,000 francs, etc.

Les recettes extraordinaires des budgets locaux, affectées exclusivement à l'exécution de Travaux publics, s'élèvent, dans leur ensemble, à 1,696,174 francs, dont 1,432,174 francs au titre de l'excédent du maximum de la Caisse de réserve et 264,000 francs à titre de prélèvements proprement dits. Encore, dans ce dernier cas, ne s'agit-il que du report à 1913 de la somme disponible, fin 1912, sur un prélèvement de 300,000 francs déjà autorisé pour la construction d'un quai à Conakry.

La répartition des prévisions de dépenses du **budget général et des budgets locaux,** pour 1913, donne les résultats consignés dans le tableau ci-après :

**Pourcentage des dépenses, classées par catégories, prévues pour l'exercice 1913.**

| NATURE DES DÉPENSES | BUDGET GÉNÉRAL | SÉNÉGAL | | HAUT-SÉNÉGAL et NIGER | TERRIT^re MILITAIRE du NIGER | GUINÉE | COTE D'IVOIRE | DAHOMEY | MAURI-TANIE | % MOYEN pour toute L'A. O. F. |
| | | ADMINIS-TRATION directe | PAYS de protectorat | | | | | | | |
|---|---|---|---|---|---|---|---|---|---|---|
| Dettes exigibles.............. | 37,3 | 0,20 | 0,21 | 0,16 | 0,08 | 0,10 | 0,12 | 0,18 | 0,05 | 17,7 |
| Dépenses politiques et d'Administration générale.. — proprement dites | 9,17 | | | | | | | | | |
| Dépenses politiques et d'Administration générale.. — Subventions aux budgets locaux et au Port de Dakar ...... | 21,03 | 25,35 | 43,35 | 52,78 | 72,20 | 48,15 | 50,75 | 46,3 | 71,9 | 35,2 |
| Dépenses des Services financiers.... | 8,1 | 7,4 | 7,05 | 5,98 | 3,50 | 10,8 | 4,58 | 6,57 | 4,68 | 8,1 |
| Dépenses d'intérêt économique..... | (1)22,5 | 47 » | 36,89 | 29,95 | 18,60 | 29,20 | 32,85 | 36,95 | 14,20 | 30,7 |
| Dépenses d'intérêt social.......... | 1,5 | 19,55 | 11,96 | 10,85 | 5,12 | 11,40 | 10,75 | 9,25 | 8,17 | 7,7 |
| Autres dépenses (dépenses imprévues). | 0,4 | 0,50 | 0,54 | 0,28 | 0,50 | 0,35 | 0,95 | 0,75 | 1 » | 0,6 |
| Totaux.......... | (1)100 » | 100 » | 100 » | 100 » | 100 » | 100 » | 100 » | 100 » | 100 » | (1)100 » |

(1) Non compris une recette extraordinaire de 1,400,000 francs provenant d'un prélèvement sur la Caisse de réserve pour la continuation des travaux du Thiès-Kayes, en attendant le vote de l'emprunt de 150 millions.

Il résulte de ce tableau que l'ensemble des dépenses d'intérêt économique et d'intérêt social projetés pour 1913 sur les budgets ordinaires de l'Afrique occidentale française, représente 38,4 °/₀ des dépenses totales. C'est une proportion fort honorable, qui montre à quel point les autorités de ce pays ont le souci d'employer surtout à des dépenses immédiatement profitables aux intérêts publics, les ressources dont ils ont la gestion. Elle traduirait une situation encore meilleure si les frais d'amortissement des emprunts, prévus pour 9,171,000 francs, étaient incorporés aux dépenses d'intérêt économique et social; il n'y aurait à cela rien que de très légitime, puisque le produit des emprunts n'a pas d'autre emploi que la construction de travaux publics (ports, chemins de fer, assainissement, hôpitaux et dispensaires, etc.).

Il est une catégorie de dépenses pour lesquelles l'Afrique occidentale française supporte des charges importantes qui réduisent d'autant les ressources qu'elle pourrait appliquer au développement économique du pays. Je veux parler des **dépenses militaires.**

L'état ci-dessous donne le détail des prévisions inscrites aux budgets de 1913 pour la contribution aux dépenses militaires de l'État (800,000 francs), les retraites des militaires indigènes (195,000 francs), les compagnies de tirailleurs hors cadres appelées brigades indigènes (2,536,667 francs), les gardes de cercles et gardes méharistes (3,088,100 francs), la gendarmerie (47,559 francs) et, enfin, la police urbaine (200,581 francs). Le total de ces dépenses s'élève à 6,667,907 francs, soit le dixième des ressources ordinaires des budgets. Encore dans ces prévisions de dépenses ne sont pas compris les frais divers qui peuvent résulter de l'emploi des troupes hors de leurs garnisons pour la répression de troubles ou l'achèvement de la pacification, frais que le Département estime devoir incomber aux budgets locaux. Cette charge a été particulièrement lourde au cours des dernières années pour la Côte d'Ivoire et la Guinée.

Les dépenses, à caractère purement militaire, inscrites aux prévisions de 1913 : contribution aux dépenses de l'État, pensions des militaires indigènes, brigades indigènes, s'élèvent, à elles seules, à 3,531,667 francs. Cette somme représente le 5 °/₀ des revenus ordinaires escomptés.

État des dépenses militaires et de police de l'Afrique occidentale française prévues pour 1913.

| NATURE DES DÉPENSES | | BUDGET GÉNÉRAL | SÉNÉGAL | | GUINÉE | COTE D'IVOIRE | DAHOMEY | HAUT-SÉNÉGAL et NIGER | TERRITOIRE MILITAIRE | MAURITANIE | TOTAUX GÉNÉRAUX | TOTAUX PAR NATURE de dépenses |
| --- | --- | --- | --- | --- | --- | --- | --- | --- | --- | --- | --- | --- |
| | | | Administration directe | PAYS de protectorat | | | | | | | | |
| Participation dans les dépenses militaires de la Métropole | | 800.000 | » | » | » | » | » | » | » | » | 800.000 | 800.000 |
| Pensions des militaires indigènes | | 195.000 | » | » | » | » | » | » | » | » | 195.000 | 195.000 |
| Brigades indigènes | Personnel.. | » | » | 91.360 | 514.412 | 599.988 | 189.320 | 493.654 | » | 124.592 | 2.013.326 | 2.532.833 |
| | Matériel.... | » | » | 61.579 | 31.650 | 88.110 | 32.908 | 208.316 | » | 96.944 | 519.507 | |
| Gardes de cercle | Personnel.. | » | » | 199.051 | 274.315 | 655.403 | 268.384 | 390.150 | 113.550 | 31.092 | 1.931.945 | 2.469.957 |
| | Matériel.... | » | » | 113.428 | 52.600 | 132.650 | 68.240 | 115.925 | 43.227 | 11.942 | 538.012 | |
| Pelotons montés : Tombouctou, Zinder et Méharistes maures | Personnel.. | » | » | » | » | » | » | 19.968 | 58.934 | 209.765 | 288.667 | 475.262 |
| | Matériel.... | » | » | » | » | » | » | 8.568 | 20.978 | 157.049 | 186.595 | |
| Police urbaine | Personnel.. | » | 83.496 | 28.705 | 31.820 | » | 12.760 | 35.300 | 840 | » | 192.921 | 205.871 |
| | Matériel.... | » | 5.650 | 2.200 | 1.100 | » | » | 4.000 | » | » | 12.950 | |
| Gendarmerie | | » | 44.460 | » | » | » | » | » | » | » | 44.460 | 44.460 |
| TOTAUX | | 995.000 | 133.606 | 496.323 | 905.897 | 1.476.151 | 571.612 | 1.275.881 | 237.529 | 631.384 | 6.723.383 | 6.723.383 |

**Budgets des Chemins de fer.** — Les dépenses des budgets des Chemins de fer de l'Afrique occidentale française pour 1913 sont évaluées à 8,088,299 francs. Proposées par les Directeurs des Chemins de fer, ces prévisions ont été successivemeut vérifiées par les Lieutenants-Gouverneurs, l'Inspection générale des Travaux publics et la Direction des Finances. Elles sont couvertes par une prévision de recettes de 9,470,856 francs, qui laisse espérer un bénéfice net de 1,382,556 francs en fin d'exercice.

**Budgets des Chemins de fer.**

| NOMENCLATURE | RECETTES | DÉPENSES | EXCÉDENT DE RECETTES présumé |
|---|---|---|---|
| Conakry-Niger..................................... | 3.860.000  » | 2.761.700 51 | 1.098 299 49 |
| Kayes-Niger ...................................... | 2.431.456 67 | 2.431.456 67 | » |
| Kayes-Ambidédi.............................. | 37.000  » | 33.000  » | 4.000  » |
| Thiès-Kayes ...................................... | 1.662.400  » | 1.492.525 88 | 169.874 12 |
| Côte d'Ivoire........................ | 1.480.000  » | 1.369.616 69 | 110.383 31 |
| Totaux ..................... | 9.470.856 67 | 8.088.299 75 | 1.382.556 92 |

Les dépenses d'exploitation des Chemins de fer se composent surtout, pour le moment, des frais d'entretien du personnel et du matériel.

Seul, le budget du Chemin de fer de Kayes au Niger, de beaucoup le plus ancien, contient des prévisions pour l'achat de matériel et quelques grosses réparations. Pour la section construite la première du Chemin de fer de Conakry au Niger, nous commençons également à voir apparaître la nécessité de travaux de ballastage.

Il n'est pas douteux que plus s'allongera le ruban de nos voies ferrées et plus les dépenses de cette nature augmenteront. Il arrivera même un moment où des portions entières de voies seront à refectionner ; enfin, le développement du trafic pourra exiger des travaux complémentaires importants. Or, nous devons tendre à ce que le produit de l'exploitation, qui alimente le budget général, qu'il aide à supporter le poids des frais d'amortissement des emprunts, présente, dans sa progression, une régularité aussi grande que possible. Nous ne devons pas nous exposer à ce que cette ressource soit un jour complètement absorbée par les besoins éventuels, mais inévitables, que je viens d'indiquer et encore moins à ce que ceux-ci exigent l'intervention des ressources du budget général. Le seul moyen d'éviter cet écueil est de constituer, le plus tôt possible, ainsi que le Département l'a déjà conseillé, des magasins d'approvisionnement et, surtout, de créer des réserves financières importantes pour travaux de réfections et achat de gros matériel. Cela a déjà été fait pour le Kayes-Niger. Le Gouvernement général serait entré dans cette voie pour les autres Chemins de fer, dès 1913, s'il n'avait dû affecter un crédit de 2 millions à la continuation des travaux du Kouroussa-Kankan. Ceux-ci devant être terminés dans les premiers mois de 1914, on voit qu'il disposera, dans un avenir prochain, de disponibilités qu'il pourra affecter à la formation des réserves de prévoyance qui lui sont nécessaires. Les conditions dans lesquelles ces caisses seront alimentées et fonctionneront sont d'ores et déjà à l'étude.

**Budget du Port de Dakar.** — Le Port de Commerce de Dakar est doté d'un budget autonome depuis le 1er janvier 1911.

Les recettes de l'exercice 1911, y compris une subvention du budget général de 90,000 francs, se sont élevées à 331,339 francs pour 317,333 francs de dépenses.

Au budget de 1912, les prévisions de recettes figurent pour 686,500 francs, dont 437,500 francs au titre de la subvention du budget général.

Enfin, au projet de budget pour 1913, les recettes sont prévues pour une somme de 870,000 francs, dans laquelle la subvention du Gouvernement général entre pour 559,000 francs. Mais une partie de cette subvention, exactement 170,250 francs, doit servir au paiement de matériel prévu au programme de 1912 et qui ne peut être livré qu'en 1913. C'est un simple déplacement de dépense d'un exercice sur l'autre. On voit donc que les recettes propres du Port de Commerce progressent assez rapidement.

Je termine cet exposé des prévisions budgétaires de 1913 par le tableau ci-dessous qui montre que le montant des impôts et revenus ordinaires, escomptés pour la prochaine année, s'élève exactement, pour tous les budgets, à 68,808,048 fr. 71.

**Tableau des impôts et revenus ordinaires prévus aux budgets de l'Afrique occidentale française, exercice 1913, déduction faite des subventions, versements de l'excédent des Caisses de réserve, prélèvements sur les Caisses de réserve, etc.**

| BUDGETS | ENSEMBLE des RECETTES prévues | CONTRIBUTION des Colonies | A DÉDUIRE | | | | | TOTAL à déduire | MONTANT DES IMPOTS et revenus escomptés pour l'année 1913 |
| | | | VERSEMENT de l'excédent sur le maximum des Caisses de réserve | SUBVENTION du budget général | du budget des Pays de Protectorat du Sénégal | Prélèvements sur les Caisses de réserves | Subvention du budget du Haut-Sénégal et Niger | | |
|---|---|---|---|---|---|---|---|---|---|
| **1° BUDGET GÉNÉRAL ET BUDGETS LOCAUX** | | | | | | | | | |
| Budget général .......... | 31.830.000 » | » | 4.379.140 » | » | » | 1.400.000 » | » | 5.779.140 » | 26.050.860 » |
| Sénégal. { Administon directe. | 2.312.942 15 | » | » | 736.000 » | » | » | » | 736.000 » | 1.576.942 15 |
| Sénégal. { Pays de protectorat. | 6.158.838 74 | » | 12.493 74 | 142.000 » | » | » | » | 154.493 74 | 6.004.345 » |
| Guinée ................ | 7.343.000 » | » | » | » | » | 264.000 » | » | 264.000 » | 7.079.000 » |
| Côte d'Ivoire .......... | 7.493.840 76 | » | 625.941 » | 1.900.000 » | » | » | » | 2.525.941 » | 4.967.899 76 |
| Dahomey............ | 5.066.275 » | » | 505.233 » | 2.000.000 » | » | » | » | 2.505.233 » | 2.561.042 » |
| Haut-Sénégal et Niger...... | 9.024.462 80 | » | 346.376 » | » | » | » | » | 346.376 » | 8.678.086 80 |
| Territoire militaire du Niger. | 1.443.320 » | » | » | 135.000 » | » | » | » | 135.000 » | 1.308.320 » |
| Mauritanie............ | 1.714.200 » | » | » | 921.000 » | » | » | » | 921.000 » | 793.200 » |
| Totaux........ | 72.386.879 42 | » | 5.869.183 74 | 5.834.000 » | » | 1.664.000 » | » | 13.367.183 71 | 59.019.695 71 |
| **2° CHEMINS DE FER ET PORTS** | | | | | | | | | |
| Thiès-Kayes ............ | 1.662.400 » | » | » | » | » | » | » | » | 1.662.400 » |
| Kayes-Niger. ............ | 2.468.456 » | » | » | » | » | » | » | » | 2.468,456 » |
| Conakry-Niger .......... | 3.860.000 » | » | » | » | » | » | » | » | 3.860.000 » |
| Côte d'Ivoire .......... | 1.480.000 » | » | » | » | » | » | » | » | 1.480.000 » |
| Total pr les Chemins de fer | 9.470.856 » | » | » | » | » | » | » | » | 9.470.856 » |
| Port de Dakar.......... | 876.500 » | » | » | 559.000 » | » | » | » | 559.000 » | 317.500 » |
| Totaux généraux ...... | 10.347.356 » | » | » | 559.000 » | » | » | » | 559.000 » | 9.788.356 » |
| Total général pour tous les budgets de l'Afrique occidentale française................. | | | | | | | | | 68.808.048 71 |

---

# CAISSES DE RÉSERVE

Les fonds de réserve de l'Afrique occidentale française s'élevaient, a la clôture de l'exercice 1910, c'est-à-dire le 30 juin 1911, à 20,926,868 fr. 39.

Sur les 23,739,585 fr. 55, représentant le total de l'actif net des Caisses de réserve, l'excédent du maximum, soit 5,869,187 fr. 09, sera versé aux budgets de 1913.

Le tableau ci-contre donne le détail des opérations effectuées sur les Caisses de réserve depuis le 30 juin 1911. Il montre que dans cette somme de 5,869,187 fr. 09, représentant l'excédent du maximum, le budget général entre pour 4,379,139 fr. 70, le budget de la Côte d'Ivoire pour 625,940 fr. 76, celui du Dahomey pour 420,093 fr. 51, celui du Haut-Sénégal et Niger pour 346,379 fr. 50, enfin, celui des Pays de protectorat du Sénégal pour 12,493 fr. 72.

L'actif des Caisses de réserve des Territoires d'administration directe du Sénégal et de la Guinée reste seul au-dessous du maximum réglementaire.

## Fonds de réserve de l'Afrique occidentale française.

| BUDGETS | SITUATION des CAISSES DE RÉSERVE à la clôture de l'exercice 1910 (30 juin 1911) | INCORPORÉ AUX BUDGETS de l'exercice 1912 | RESTE | VERSEMENTS EFFECTUÉS | PRÉLÈVEMENTS OPÉRÉS | ACTIF NET | MAXIMUM des CAISSES DE RÉSERVE — Décrets des 16 novem. 1905 et 10 sept. 1909 | EXCÉDENTS SUR LES MAXIMA des Caisses de réserve à verser aux budgets de 1913 |
|---|---|---|---|---|---|---|---|---|
| Budget général | 7.592.110 » | 2.592.110 » | 5.000.000 » | (1)18.511.492 93 | (4)14.132.353 23 | 9.379.139 70 | 5.000.000 » | 4.379.139 70 |
| Chemin de fer de Kayes au Niger ... Réserve | (2)3.000.000 » | » | (2)3.000.000 » | » | » | (2)3.000.000 » | (2)3.000.000 » | » |
| Roulement | (2)2.000.000 » | » | (2)2.000.000 » | » | » | (2)2.000.000 » | (2)2.000.000 » | » |
| Sénégal { Administration directe | 593.307 31 | » | 593.307 31 | (8)643.747 84 | (3)408.899 43 | 828.155 72 | 1.500.000 » | » |
| Sénégal { Pays de protectorat | 1.015.676 86 | » | 1.015.676 86 | (9)1.121.493 42 | (4)1.124.676 56 | 1.012.493 72 | 1.000.000 » | 12.493 72 |
| Haut-Sénégal et Niger | 1.774.832 39 | 274.832 39 | 1.500.000 » | 346.379 50 | » | 1.846.379 50 | 1.500.000 » | 346.379 50 |
| Guinée | 2.574.668 74 | (5)690.000 » | 1.884.668 74 | 162.237 » | (6)504.663 » | 1.542.242 74 | 2.000.000 » | » |
| Côte d'Ivoire | 1.252.941 91 | » | 1.252.941 91 | 872.998 85 | » | 2.125.940 76 | 1.500.000 » | 625.940 76 |
| Dahomey | 1.123.331 18 | » | 1.123.331 18 | 891.135 » | (7)9.232 77 | 2.005.233 41 | 1.500.000 » | 505.233 41 |
| Totaux | 20.926.868 39 | 3.556.942 39 | 17.369.926 » | 22.549.484 54 | 16.179.824 99 | 23.739.585 55 | 19.000.000 » | 5.869.187 09 |

(1) Les versements et les prélèvements effectués en 1911 et 1912 sur la Caisse de réserve du budget général se décomposent comme suit :

A. — Versements.

| | |
|---|---|
| 1° Excédents des recettes de l'exer. 1910. | 5.939.452 35 |
| 2° — — 1911. | 4.675.000 » |
| 3° Part revenant au budget général dans les excédents de recettes du Kayes-Niger | 1.782.658 49 |
| 4° Reversements sur prélèvements : | |
| a) Sur prélèvements effectués et incorporés au titre du budget général de 1910 | 1.188.842 97 |
| b) Sur prélèvements effectués et incorporés au titre du budget général de 1911 | 3.252.133 86 |
| c) Sur prélèvements effectués et incorporés au titre du budget général de 1912 | 73.405 26 |
| d) Reversement éventuel sur prélèvements effectués au titre du budget de 1912 et pour travaux prévus au programme de l'emprunt projeté de 150 millions | 1.600.000 » |
| Total | 18.511.492 93 |

B. — Prélèvements.

| | | |
|---|---|---|
| Porto-Novo à Sakété (2° annuité) | 1.000.000 » | |
| Guinguinéo-Kaolack | 1.800.000 » | |
| Hangars du Port de Commerce | 160.000 » | |
| Kouroussa-Kankan | 2.170.000 » | |
| | | 6.130.000 » |
| Assainissement de Dakar | | 300.000 » |
| Porto-Novo-Sakété : | | |
| Prélèvement versé au budget général, exercice 1911 | 578.622 77 | |
| — — pour crédit supplémentaire 1912 | 110.220 » | |
| | | 688.842 97 |
| | | 6.118.842 97 |
| Wharf de Cotonou | 800.000 » | |
| Entreprise Jammy et Galtier | 400.000 » | |
| | | 1.200.000 » |
| | | 2.592.110 84 |
| Excédent du maximum versé au budget général, exercice 1912 | | |
| Pour le Kouroussa-Kankan | 1.467.749 04 | |
| Pour la construction de Guinguinéo-Kaolack | 340.000 » | |
| Pour le wharf de Cotonou et Porto-Novo-Sakété | 1.213.650 38 | |
| | | 3.021.399 42 |
| Prélèvements pour travaux de continuation du Thiès-Kayes, prévus au programme de l'emprunt projeté de 150 millions | | 1.200.000 » |
| Total | | 14.132.353 23 |

Différence... { Versements 18.511.492 93 } 4.379.139 70
{ Prélèvements 14.132.353 23 }

(2) Les fonds de réserve et de roulement du Kayes-Niger ont atteint leur maximum fixé par la loi de finances du 30 janvier 1907.

(3) Prélèvement de 300,000 francs autorisé par décret du 2 juillet 1912, pour mesures sanitaires, 104,093 francs pour faire face aux crédits supplémentaires, exercice 1912, et 4,806 fr. 20 pour parer à l'insuffisance des recettes de l'exercice 1910.

(4) Prélèvement de 400,000 francs autorisé par décret du 2 juillet 1912, pour mesures sanitaires, 97,145 francs pour couvrir le déficit de l'exercice 1910, 621,165 francs pour incorporation au budget de l'exercice 1912, et 6,365 francs pour amortissement d'obligations.

(5-6) 1° Prélèvement de 390,000 francs effectué au titre de l'exercice 1911, pour faire face aux dépenses occasionnées par les dépenses militaires de la frontière franco-libérienne et du Goumbo, et 300,000 francs pour les travaux du Port de Conakry ; 2° Prélèvement de 504,663 francs pour gager une demande de crédits supplémentaires nécessités par les opérations militaires susvisées.

(7) Retrait de 20 obligations sorties au tirage du 8 septembre 1911.

(8) Versement des excédents des recettes sur les dépenses des exercices 1905, 1908, 1909 et 1911 : 642,752 fr. 84 et 995 francs pour amortissement d'obligations.

(9) Versement des excédents des recettes des exercices 1909 et 1911, soit : 1,098,667 fr. 67 et 22,825 fr. 75 provenant d'opérations d'amortissement.

# SITUATION DES FONDS DES EMPRUNTS DE 65 ET 100 MILLIONS

| NOMENCLATURE DES DÉPENSES (PAR CHAPITRES) | RÉPARTITION des ALLOCATIONS DE LA LOI (Exposé des motifs du projet de cette loi) | ALLOCATIONS prévues A LA LOI du 26 juillet 1912 | DOTATIONS résultant des décrets d'ouverture des travaux — Dates | DOTATIONS — Crédits | DÉPENSES à la clôture de l'exercice 1911 — par chapitres | DÉPENSES — par titres | DÉPENSES PROBABLES en 1912 — par chapitres | DÉPENSES PROBABLES — par titres | CRÉDITS PROPOSÉS en 1913 — par chapitres | CRÉDITS PROPOSÉS — par titres | TOTAL GÉNÉRAL — par chapitres | TOTAL GÉNÉRAL — par titres | DISPONIBLE probable à la clôture de l'exercice 1913 par rapport aux allocations de la loi | OBSERVATIONS |
|---|---|---|---|---|---|---|---|---|---|---|---|---|---|---|
| Assainissement et alimentation en eau de Saint-Louis, Dakar, Rufisque : | | | | | | | | | | | | | | |
| a) Assainissement (programme de la loi du 5 juillet 1903) : | | | | | | | | | | | | | | |
| Egouts de Saint-Louis | 350.000 » | | | | 83.083 14 | | » | | 266.916 86 | | 350.000 » | | | |
| Marais de Saint-Louis | 818.602 35 | | | | 818.602 35 | | » | | » | | 818.602 35 | | | |
| Egouts de Dakar | 1.835.000 » | | | | 1.780.204 52 | | 20.000 » | | 34.795 48 | | 1.835.000 » | | | |
| Marais de Dakar | 1.070.000 » | | 24 décem. 1903 | 3.790.000 » | 1.049.268 09 | | » | | 20.731 91 | | 1.070.000 » | | | |
| Egouts de Rufisque | 566.397 65 | | | | 220.033 25 | 7.413.694 10 | » | 565.470 25 | » | 1.299.471 25 | 220.033 25 | 9.278.635 60 | | 721.364 40 | |
| Marais de Rufisque | 810.000 » | 10.000.000 » | | | 796.973 » | | » | | 13.027 » | | 810.000 » | | | |
| b) Assainissement (programme de la loi du 22 janvier 1907) | 1.500.000 » | | 24 mars 1908 | 1.500.000 » | 1.018.071 05 | | 216.928 95 | | 265.000 » | | 1.500.000 » | | | |
| c) Amélioration en eau de la ville de Dakar | 3.000.000 » | | 6 juin 1907 | 2.000.000 » | 1.647.458 70 | | 328.541 30 | | 699.000 » | | 2.675.000 » | | | |
| d) A valoir | 50.000 » | | sept. 1912 | 471.000 » | » | | » | | » | | » | | | |
| Travaux d'aménagement des ports du Sénégal et éclairage de leurs abords : | | | | | | | | | | | | | | |
| a) Quais de Saint-Louis | 2.100.000 » | | 3 juillet 1904 | 2.100.000 » | 1.346.505 21 | | 626.500 » | | 126.994 79 | | 2.100.000 » | | | |
| b) Port de Dakar | 11.300.000 » | 14.400.000 » | (1) 18 sept. 1912<br>30 mai 1908 | 11.300.000 »<br>180.000 » | 9.696.466 43 | 11.434.890 95 | 672.209 63 | 1.518.209 63 | 731.323 94 | 1.157.199 42 | 11.000.000 » | 14.128.500 » | | 271.500 » | |
| c) Port de Rufisque | 700.000 » | | 20 mai 1909 | 260.000 » | 227.770 24 | | 126.500 » | | 274.229 76 | | 628.500 » | | | |
| d) Eclairage des abords du port de Dakar | 300.000 » | | 19 janv. 1909 | 250.000 » | 164.149 07 | | 93.000 » | | 42.850 93 | | 300.000 » | | | |
| Outillage de dragage et de balisage | » | (2) 900.000 » | » | » | 437.268 74 | 437.268 74 | 497.731 26 | 497.731 26 | » | » | (2) 935.000 » | (2) 935.000 » | | » | |
| Amélioration de la navigabilité des fleuves *Sénégal* et *Niger* | » | 2.600.000 » | » | » | 2.572.446 53 | 2.572.446 53 | » | » | » | » | 2.572.446 53 | 2.572.446 3 | | 27.553 47 | (1) Évaluation rectifiée. |
| Contribution de la Colonie aux dépenses du Port militaire de Dakar | » | 1.000.000 » | 17 mai 1911 | 1.000.000 » | 1.000.000 » | 1.000.000 » | » | » | » | » | 1.000.000 » | 1.000.000 » | | » | (2) Ce dépassement de 35.000 francs sera ultérieurement imputé sur les disponibilités d'un autre chapitre. |
| Installation à la baie du Lévrier | » | 500.000 » | 6 juin 1907<br>4 avril 1908 | 140.000 »<br>360.000 » | 496.161 13 | 496.161 13 | » | » | 3.838 87 | 3.838 87 | 500.000 » | 500.000 » | | » | (3) Évaluation rectifiée. |
| Etudes et constructions du Chemin de fer reliant le Kayes-Niger au littoral | » | 14.000.000 » | 17 avril 1907<br>31 mai 1912 | 13.200.000 »<br>300.000 » | 11.815.670 98 | 11.815.670 98 | 2.093.871 88 | 2.093.871 88 | 30.000 » | 30.000 » | 13.939.542 86 | 13.939.542 86 | | 60.457 14 | |
| Chemin de fer de la Guinée | » | 47.000.000 » | 24 décem. 1903<br>8 juillet 1904<br>21 janvier 1908 | 850.000 »<br>16.150.000 »<br>30.000.000 » | 45.956.628 51 | 45.956.628 51 | 988.371 49 | 988.371 49 | 55.000 » | 55.000 » | 47.000.000 » | 47.000.000 » | | » | |
| — de la Côte d'Ivoire | » | 37.100.000 » | (3) 8 sept. 1912 | 37.100.000 » | 32.060.964 46 | 32.060.964 46 | 3.639.035 54 | 3.639.035 54 | 1.400.000 » | 1.400.000 » | 37.100.000 » | 37.100.000 » | | » | |
| — du Dahomey | » | 13.000.000 » | » | » | 12.695.189 94 | 12.695.189 94 | 166.065 » | 166.065 » | 138.745 06 | 138.745 06 | 13.000.000 » | 13.000.000 » | | » | |
| Assistance médicale : | | | | | | | | | | | | | | |
| Groupe d'Assistance médicale : | | | | | | | | | | | | | | |
| Du Sénégal | | | | | 296.345 93 | | 16.000 » | | 8.654 07 | | 321.000 » | | | |
| De la Mauritanie | | | | | 58.963 38 | | 7.000 » | | 1.036 62 | | 67.000 » | | | |
| Du Haut-Sénégal et Niger | | | 24 mars 1908 | 2.490.000 » | 100.000 » | | » | | » | | 100.000 » | | | |
| De la Côte d'Ivoire | | 3.000.000 » | 28 nov. 1908 | 500.000 » | 116.000 » | | » | | » | | 116.000 » | | | |
| Du Dahomey | » | | 9 sept. 1911 | 10.000 » | 57.814 80 | 2.690.306 33 | » | 232.204 48 | 58.185 20 | 67.875 89 | 116.000 » | 2.990.386 70 | | 9.613 30 | |
| Hôpital indigène de Dakar | | | | | 646.640 52 | | 20.000 88 | | » | | 666.641 40 | | | |
| — colonial de Dakar | | | | | 466.973 37 | | 42.953 37 | | » | | 509.926 74 | | | |
| — de Bamako | | | | | 947.568 33 | | 146.250 23 | | » | | 1.093.818 56 | | | |
| Constructions militaires : | | | | | | | | | | | | | | |
| Casernements de Dakar | | | 24 mars 1908 | 2.500.000 » | 2.682.446 04 | | 266.270 79 | | 40.823 37 | | 2.989.540 20 | | | |
| — de Podor | | | 10 sept. 1908 | 1.850.000 » | 117.481 76 | | » | | » | | 117.481 76 | | | |
| — de Rufisque | » | 5.000.000 » | 22 février 1910 | 530.000 » | 283.362 83 | 4.466.905 84 | » | 492.270 79 | » | 40.823 37 | 283.362 83 | 5.000.000 » | | » | |
| — de Thiès | | | 10 mai 1912 | 100.000 » | 593.144 95 | | » | | » | | 593.144 95 | | | |
| — de Kati | | | | | 790.470 26 | | 226.000 » | | » | | 1.016.470 26 | | | |
| Lignes télégraphiques | » | 2.000.000 » | » | » | 1.996.463 51 | 1.996.463 51 | » | » | » | » | 1.996.463 51 | 1.996.463 51 | | 3.536 49 | |
| Remboursement d'emprunts antérieurs | » | 14.330.000 » | » | » | 14.327.955 90 | 14.327.955 90 | » | » | » | » | 14.327.955 90 | 14.327.955 90 | | 2.044 10 | |
| Dépenses diverses et imprévues | » | 170.000 » | » | » | 107.603 19 | 107.603 19 | » | » | 30.000 » | 30.000 » | 137.603 19 | 137.603 19 | | 32.396 81 | |
| Totaux | | 165.000.000 » | | | | 149.472.150 11 | | 10.193.230 32 | | 4.241.153 86 | 163.906.534 29 | 1.128.465 71 | | | |
| | | | | | | | | | | | » | 35.000 » | | |
| | | | | | | | | | | | 163.906.534 29 | 1.093.465 71 | | |
| | | | | | | | | | | | | 165.000.000 » | | |

# EMPRUNTS

## A. — EMPRUNTS DE 65 ET 100 MILLIONS

La loi du 26 juillet 1912, fixant une répartition nouvelle des emprunts de 65 et 100 millions, a fusionné les allocations inscrites aux lois des 5 juillet 1903 et 22 janvier 1907, pour l'exécution des divers travaux prévus au programme de ces emprunts.

L'état ci-contre donne la situation de ces fonds. Il montre qu'à la clôture de l'exercice 1911 les dépenses s'élevaient à 149,472,150 francs. Les dépenses prévues pour 1912 et 1913 étant respectivement de 10,193,230 francs et 4,241,153 francs, une somme de 1,093,465 francs resterait disponible pour les travaux à achever en 1914.

La situation des dépenses peut être résumée ainsi, par ouvrage :

### Assainissement et alimentation en eau des villes de Saint-Louis, Dakar et Rufisque.

La loi du 26 juillet 1912 a groupé sous ce titre les travaux d'assainissement des villes du Sénégal et d'alimentation en eau de Dakar. L'allocation affectée à ces ouvrages s'élève à 10 millions.

a) *Assainissement* (programme de la loi du 5 juillet 1903). — La loi du 5 juillet 1903 a autorisé l'exécution de divers travaux d'assainissement énumérés dans le tableau ci-dessous avec l'indication des allocations affectées à chacun d'eux, conformément à l'exposé des motifs annexé au projet de la loi du 26 juillet 1912.

| | Allocations prévues |
|---|---|
| Egouts de Saint-Louis....................... | 350.000ᶠ » |
| Marais de Saint-Louis....................... | 818.602 35 |
| Egouts de Dakar............................ | 1.835.000 » |
| Marais de Dakar........................... | 1.070.000 » |
| Egouts de Rufisque......................... | 566.397 65 |
| Marais de Rufisque......................... | 810.000 » |
| Total............................ | 5.450.000ᶠ » |

Seuls, les ouvrages des marais de Saint-Louis sont complètement achevés. Les égouts de Dakar, les marais de Dakar et les marais de Rufisque nécessitent encore quelques travaux qui seront vraisemblablement terminés en 1913. Leur achèvement entraînera l'épuisement de l'allocation prévue pour chacun d'eux.

D'autre part, les égouts de Saint-Louis et de Rufisque n'ont pas encore été entrepris. Les dépenses constatées à ce titre ont servi au paiement d'études afférentes à ces ouvrages.

La construction des égouts de Saint-Louis sera probablement effectuée en 1913 ; elle est subordonnée à une entente à intervenir avec la municipalité.

b) *Assainissement* (programme de la loi du 22 janvier 1907). — Le montant de l'allocation de la loi prévue à ce titre, soit 1,500,000 francs, dont l'emploi a été autorisé par décret du 24 mars 1908, se trouvera complètement épuisé à la clôture de l'exercice 1913.

Les dépenses effectuées auront servi à l'exécution de divers ouvrages comprenant : d'une part, la construction de collecteurs d'eaux pluviales et de caniveaux à Dakar ; d'autre part, l'ouverture de nouvelles voies dans cette ville, l'aménagement de l'anse Bernard et divers travaux de décapement des dunes et d'assainissement dans les nouveaux quartiers de la ville.

# EMPRUNTS

## A. — EMPRUNTS DE 65 ET 100 MILLIONS

La loi du 26 juillet 1912, fixant une répartition nouvelle des emprunts de 65 et 100 millions, a fusionné les allocations inscrites aux lois des 5 juillet 1903 et 22 janvier 1907, pour l'exécution des divers travaux prévus au programme de ces emprunts.

L'état ci-contre donne la situation de ces fonds. Il montre qu'à la clôture de l'exercice 1911 les dépenses s'élevaient à 149,472,150 francs. Les dépenses prévues pour 1912 et 1913 étant respectivement de 10,193,230 francs et 4,241,153 francs, une somme de 1,093,465 francs resterait disponible pour les travaux à achever en 1914.

La situation des dépenses peut être résumée ainsi, par ouvrage :

### Assainissement et alimentation en eau des villes de Saint-Louis, Dakar et Rufisque.

La loi du 26 juillet 1912 a groupé sous ce titre les travaux d'assainissement des villes du Sénégal et d'alimentation en eau de Dakar. L'allocation affectée à ces ouvrages s'élève à 10 millions.

a) *Assainissement* (programme de la loi du 5 juillet 1903). — La loi du 5 juillet 1903 a autorisé l'exécution de divers travaux d'assainissement énumérés dans le tableau ci-dessous avec l'indication des allocations affectées à chacun d'eux, conformément à l'exposé des motifs annexé au projet de la loi du 26 juillet 1912.

|  | Allocations prévues |
|---|---|
| Egouts de Saint-Louis | 350.000ᶠ » |
| Marais de Saint-Louis | 818.602 35 |
| Egouts de Dakar | 1.835.000 » |
| Marais de Dakar | 1.070.000 » |
| Egouts de Rufisque | 566.397 65 |
| Marais de Rufisque | 810.000 » |
| Total | 5.450.000ᶠ » |

Seuls, les ouvrages des marais de Saint-Louis sont complètement achevés. Les égouts de Dakar, les marais de Dakar et les marais de Rufisque nécessitent encore quelques travaux qui seront vraisemblablement terminés en 1913. Leur achèvement entraînera l'épuisement de l'allocation prévue pour chacun d'eux.

D'autre part, les égouts de Saint-Louis et de Rufisque n'ont pas encore été entrepris. Les dépenses constatées à ce titre ont servi au paiement d'études afférentes à ces ouvrages.

La construction des égouts de Saint-Louis sera probablement effectuée en 1913 ; elle est subordonnée à une entente à intervenir avec la municipalité.

b) *Assainissement* (programme de la loi du 22 janvier 1907) — Le montant de l'allocation de la loi prévue à ce titre, soit 1,500,000 francs, dont l'emploi a été autorisé par décret du 24 mars 1908, se trouvera complètement épuisé à la clôture de l'exercice 1913.

Les dépenses effectuées auront servi à l'exécution de divers ouvrages comprenant : d'une part, la construction de collecteurs d'eaux pluviales et de caniveaux à Dakar ; d'autre part, l'ouverture de nouvelles voies dans cette ville, l'aménagement de l'anse Bernard et divers travaux de décapement des dunes et d'assainissement dans les nouveaux quartiers de la ville.

c) *Alimentation en eau de la ville de Dakar.* — D'après l'exposé des motifs de la loi du 26 juillet 1912 le montant des allocations de ces ouvrages s'élève à 3 millions.

Les travaux, autorisés par les décrets des 6 juin 1907 et 18 septembre 1912, seront terminés en 1913. Ils comprennent : pour le premier décret, le forage de puits de grand diamètre, à Hann et M'Bao, l'installation d'usines d'aspiration et de refoulement de l'eau, la construction de réservoirs et l'extension du réseau de distribution ; pour le second décret, l'installation d'un réseau complémentaire de canalisation et la construction d'un nouveau réservoir sur le boulevard National.

D'autre part, des projets sont à l'étude en vue de l'installation d'un réseau complémentaire de canalisation de chasses à l'eau de mer et de bouches d'incendie et d'arrosage. Ces ouvrages seront entrepris en 1913.

La dépense totale qui résultera de l'exécution de ce programme est estimée, à la clôture de l'exercice de 1913, à 2,675,000 francs.

## Travaux d'aménagement des ports du Sénégal et éclairage de leurs abords.

La loi du 26 juillet 1912 a fixé l'allocation prévue pour ces ouvrages à la somme de 14,400,000 fr.

Cette allocation se répartit de la façon suivante, par ouvrage, d'après l'exposé des motifs annexé à la loi :

| | |
|---|---:|
| Quais de Saint-Louis | 2.100.000ᶠ » |
| Port de Dakar | 11.300.000 » |
| Port de Rufisque | 700.000 » |
| Eclairage des abords du port de Dakar | 300.000 » |
| Total | 14.400.000ᶠ » |

La construction des quais de Saint-Louis, autorisée par le décret du 3 juillet 1904, sera complètement achevé en 1913. L'exécution de ces travaux entraînera l'épuisement de l'allocation qui leur est affectée.

Le port de Dakar, dont la construction a été autorisée par les décrets des 29 décembre 1903 et 11 mars 1909 est en voie d'achèvement ; l'évaluation rectifiée des dépenses a été fixée à 11,300,000 fr. par le décret du 8 septembre 1912.

Il reste encore à exécuter quelques travaux d'outillage autorisés par le décret du 18 septembre 1912.

Ces travaux entraînent, pour 1913, l'inscription d'une prévision de 450,000 francs ; leur achèvement complet nécessitera encore une dépense de 200,000 francs à prévoir au cours des exercices ultérieurs.

Sur les disponibilités de l'allocation de 11,300,000 francs, une somme de 600,000 francs sera employée à rembourser le budget général d'une partie des dépenses qu'il a supportées pour la construction du port de Dakar.

Les travaux du port de Rufisque, comprenant la mise en état des deux anciens wharfs et la construction d'un troisième wharf, autorisés par décrets des 30 mai 1908 et 19 janvier 1909, seront terminés en 1913.

| | |
|---|---:|
| La mise en état des anciens wharfs a entraîné une dépense de | 228.500ᶠ » |
| La construction du troisième wharf coûtera | 400.000 » |
| Soit une dépense totale de | 628.500ᶠ » |
| sur l'allocation de la loi fixée à | 700.000 » |
| Il restera disponible | 71.500ᶠ » |

L'éclairage des abords du port de Dakar, autorisé par décret du 19 janvier 1909, sera complètement terminé en 1913.

Les dépenses effectuées à ce titre épuiseront la totalité de l'allocation ; elles correspondent à l'achat des appareils de feux des Mamelles, des Almadies, du cap Manuel et du port de Dakar, ainsi que leur mise en place.

### Outillage de dragage et de balisage.

La loi du 26 juillet 1912 a alloué, pour l'outillage de dragage et de balisage prévu au programme de l'emprunt autorisé par la loi du 22 janvier 1907, une somme de 900,000 francs. Cette somme a permis l'achat d'une drague et d'un bateau baliseur. Mais à ces dépenses il faut ajouter celles qu'ont entraîné diverses modifications apportées à la drague, et le contrôle et la surveillance de sa fabrication en usine. L'allocation de la loi se trouvera ainsi dépassé de 35,000 francs environ.

Pour régulariser ce dépassement, des propositions vont être adressées au Département en vue d'affecter à l'outillage de dragage et de balisage une somme égale, par prélèvement sur l'allocation réservée par ladite loi aux travaux du Chemin de fer de Kayes au Niger. Cette dernière allocation présente des disponibilités qui seront supérieures au montant du dépassement constaté.

### Amélioration des fleuves Sénégal et Niger.

Les études effectuées en vue de l'amélioration de la navigabilité de ces fleuves sont, actuellement, complètement achevées.

Les dépenses payées à ce titre laissent, sur l'allocation de la loi du 26 juillet 1912, une disponibilité de 27,553 fr. 47 dont l'emploi n'est pas encore déterminé.

### Contribution de la Colonie aux dépenses du Port militaire de Dakar.

La loi du 26 juillet 1912 a réservé, à ce titre, une somme de 1 million; le payement de cette contribution, qui se trouvait subordonné à un échange de terrains entre le Département de la Marine et l'Administration locale, a été effectué au cours de l'exercice 1911. Le décret du 17 mai 1911, qui a sanctionné cet échange, a, en même temps, autorisé la dépense.

### Installation à la Baie du Lévrier.

Les installations à la baie du Lévrier, prévues au programme de l'emprunt autorisé par la loi du 22 janvier 1907, seront complètement achevées en 1913.

La dépense, autorisée par les décrets du 6 juin 1907 et 10 avril 1908, s'élèvera à la somme de 500,000 francs, épuisant totalement l'allocation prévue à la loi du 26 juillet 1912.

### Etudes et constructions du Chemin de fer reliant le Kayes-Niger au littoral.

Les travaux de construction de ce Chemin de fer, prévus au programme de la loi du 22 janvier 1907, sont complètement terminés.

Les dépenses seront toutes régularisées sur les fonds de l'emprunt à la clôture de l'exercice 1913. Elles atteindront la somme de 13,939,542 fr. 86, laissant disponible, sur l'allocation que la loi du 26 juillet 1912 a réservée à cet ouvrage, la somme de 60,457 fr. 14.

Une partie de cette disponibilité, soit 35,000 francs, sera affectée à l'outillage de dragage et de balisage, ainsi qu'il a été indiqué plus haut.

L'emploi du reliquat disponible sera déterminé ultérieurement.

### Chemin de fer de la Côte d'Ivoire.

Le Chemin de fer de la Côte d'Ivoire, construit en partie sur les fonds de l'emprunt de 65 millions et en partie sur les fonds de l'emprunt de 100 millions, est en voie d'achèvement jusqu'à Bouaké, point terminus de la ligne.

Les travaux, y compris les installations générales, autorisés par les décrets des

6 novembre 1903, 23 décembre 1905, 17 avril 1905, 21 mai 1908, 17 juillet 1908, 31 août 1911 et 8 septembre 1912, seront complètement achevés en 1913.

Les dépenses entraîneront l'épuisement complet de l'allocation prévue à la loi.

### Chemin de fer de la Guinée.

La construction de ce Chemin de fer jusqu'à Kouroussa, y compris les installations générales prévues aux emprunts de 65 et 100 millions, est complètement terminée.

Ces travaux, autorisés par les décrets des 24 décembre 1903, 8 juillet 1904 et 21 janvier 1906, entraîneront une dépense totale de 47 millions, épuisant complètement l'allocation qui leur était réservée.

La construction de cette ligne, de Kouroussa à Kankan, est poursuivie, nous l'avons vu plus haut, sur les fonds du budget général.

### Chemin de fer du Dahomey.

Conformément à la convention du 24 août 1904, la construction du Chemin de fer du Dahomey est effectuée par la Compagnie concessionnaire.

Les dépenses résultant des travaux de superstructure ont été remboursées à cette Compagnie dans les conditions prévues à ladite convention. Les fonds de l'emprunt de 100 millions ont supporté ce remboursement.

Le payement qui aura été effectué, à ce titre, à la clôture de l'exercice 1913, entraînera l'épuisement complet de l'allocation, soit, 13 millions.

### Assistance médicale.

Les travaux d'Assistance médicale prévus au programme de l'emprunt de 100 millions comprennent, outre la construction de groupes d'Assistance médicale indigène dans les colonies du Sénégal, du Haut-Sénégal et Niger, de la Côte d'Ivoire, du Dahomey et de la Mauritanie, d'un hôpital à Bamako et d'un hôpital indigène à Dakar, l'agrandissement de l'hôpital colonial de cette ville.

Les groupes d'Assistance médicale seront complétement terminés en 1913, conformément aux projets approuvés par le décret du 24 mars 1908.

Les travaux prévus aux décrets des 24 mars 1908, 28 novembre 1908 et 9 septembre 1911, pour l'hôpital de Bamako, l'hôpital indigène de Dakar et l'agrandissement de l'hôpital de cette ville, sont terminés.

Les dépenses résultant de ces travaux ont atteint la somme de 3 millions entraînant l'épuisement complet de l'allocation prévue pour cet objet.

### Constructions militaires.

Le programme de l'emprunt de 100 millions, autorisé par la loi du 22 janvier 1907, comportait la construction de casernements militaires à Thiès, Podor, Dakar et Kati.

Ces casernements sont livrés à l'autorité militaire et entièrement terminés, à l'exception de ceux de Dakar dont l'achèvement complet nécessite encore une dépense de 88,000 francs environ (41,000 en 1913), dépassant le montant de leur dotation.

Pour permettre le payement de cette dépense, des propositions vont être adressées au Département en vue d'affecter aux casernements de Dakar des disponibilités constatées sur l'ensemble des crédits affectés aux casernements militaires.

### Lignes télégraphiques.

L'emprunt de 100 millions a permis la construction de la ligne télégraphique Tombouctou-Zinder qui est terminée depuis 1909 ; les travaux n'ont laissé, sur les allocations prévues, que de faibles disponibilités.

### Remboursement d'emprunts antérieurs.

La loi du 5 juillet 1903, qui a autorisé l'emprunt de 65 millions, a prévu le remboursement des emprunts contractés antérieurement par les colonies du Sénégal et de la Guinée.

La loi du 26 juillet 1912 a alloué, pour ces payements, une somme de....    14.330.000ᶠ »

Le montant des sommes dues pour remboursement de ces emprunts étant seulement de................................................................    14.327.955 90

il reste un disponible de .................................................    2.044ᶠ 10

### Dépenses diverses et imprévues.

La loi a réservé pour ces dépenses une allocation de......................    170.000ᶠ »

Le montant des dépenses payées à ce titre au cours des exercices antérieurs s'élève à ..................................................................    107.603 19

laissant disponible la somme de..........................................    62.396ᶠ 81

Une partie de cette disponibilité, soit 30,000 francs, sera affectée au payement des dépenses résultant de l'élargissement à 30 mètres de l'avenue Borgnies-Desbordes, conformément au projet approuvé par décret du 14 octobre 1912.

De l'exposé qui précède, il résulte que l'exécution du programme des travaux afférents aux emprunts de 65 et 100 millions est en voie d'achèvement.

Diverses disponibilités sont déjà constatées sur les allocations de plusieurs ouvrages. Elles serviront à l'exécution de travaux complémentaires ou au paiement de dépassements, fort peu importants d'ailleurs, sur certains chapitres.

## B. — EMPRUNT DE 14 MILLIONS

### Chemin de fer de Thiès vers Kayes.

La loi du 18 février 1910 a autorisé le Gouvernement général de l'Afrique occidentale française à contracter un emprunt de 14 millions pour assurer la continuation des travaux de la ligne Thiès-Kayes.

Cette somme devait permettre de construire 200 kilomètres, ce qui porterait le terminus de la voie partant de Thiès au kilomètre 340.

Deux tranches de 7 millions chacune ont été réalisées : la première, en mai 1910; la seconde, en novembre 1911.

Les travaux ont été autorisés par les décrets suivants :

1° Décret du 1ᵉʳ septembre 1910 :

   Kilomètre 140 à kilomètre 212 (72 kilom.)..........................    4.896.000ᶠ »

2° Décret du 30 octobre 1911 :

   Kilomètre 212 à kilomètre 267 (55 kilom.)..........................    3.850.000 »

3° Décret du 5 juin 1912 :

   Kilomètre 267 à kilomètre 340 (93 kilom.)..........................    3.254.000 »

       Soit.......... 200 kilomètres. ......................    14.000.000ᶠ »

La situation des crédits affectés à ces travaux est la suivante :

Depenses liquidées à la clôture de l'exercice 1910...................... 1.909.664$^f$ 19

—        —        1911...................... 7.104.295 51

donnant un total de dépenses de.......................................... 9.013.959$^f$ 70

Il y a lieu de déduire de ce chiffre :

1° Le montant des réintégrations au compte-chef........... 180.842$^f$ 79

2° Le produit d'une cession du matériel de la 2$^e$ à la 3$^e$ section
du railway, soit................................................. 850.000 »

                                                                         1.030.842$^f$ 79

Soit, à la clôture de l'exercice 1911, un total de dépenses de ............. 7.983.116$^f$ 91

Si, à cette somme, on ajoute :

1° Les dépenses engagées au titre de l'exercice 1912..................... 5.097.180 33

2° Les prévisions inscrites au projet de budget de 1913.................. 919.702 76

On obtient un total de dépenses de................................... 14.000.000$^f$ »

égal au montant de la dotation de la loi.

Les travaux seront complètement terminés, avant la clôture de l'exercice 1913, jusqu'au kilomètre 340 et la 2$^e$ section, construite sur les fonds de l'emprunt de 14 millions, sera dotée de tout le matériel nécessaire à son exploitation dans d'excellentes conditions.


Le tableau ci-contre montre que les obligations de la dernière tranche de l'emprunt de 14 millions ont été cédées par le Gouvernement général, le 4 novembre 1911, au prix de 438 francs pour un nominal de 500 francs. Etant donné la situation du marché à cette époque il n'était pas permis d'espérer un résultat meilleur.

Tableau des emprunts du Gouvernement général de l'Afrique occidentale française à la date du 1er novembre 1912.

| MONTANT des EMPRUNTS | DATE DE LA LOI autorisant chaque emprunt | MONTANT des TRANCHES réalisées | NOMS DES BANQUES D'ÉMISSION | DATES DU CONTRAT de cession aux banques | DATES D'ENTRÉE en jouissance des titres | TAUX DE CESSION AUX BANQUES | COURS DU 3 % AFRIQUE OCCID^le FR^se à la date des offres | COURS DE LA RENTE FRANÇAISE à la date des offres | DURÉE de L'AMORTISSEMENT | INTÉRÊTS et AMORTISSEMENTS annuels |
|---|---|---|---|---|---|---|---|---|---|---|
| 65.000.0C0 | 5 juillet 1903.. | 40.000.000 | Comptoir National d'Escompte de Paris. — Crédit Lyonnais. — Société Générale. — Banque de Paris et des Pays-Bas. — Crédit Algérien. — Banque de l'Afrique occidentale française............ | 20 juillet 1903. | 1er avril 1903. | 461 25 | » | » | 50 ans. | 1.679.825 » |
| | | 25.000.0C0 | Banque de l'Afrique occidentale française. — Banque de Paris et des Pays-Bas. — Comptoir National d'Escompte de Paris. — Crédit Algérien. — Crédit Lyonnais. — Société générale............ | 29 sept. 1905.. | 1er avril 1905. | 462 50 | 480 » | 498 75 | 48 ans. | 1.066.130 » |
| 100.000.000 | 22 janv. 1907.. | 40.000.000 | Banque de l'Afrique occidentale française. — Banque Française pour le Commerce et l'Industrie. — Banque de Paris et des Pays-Bas. — Comptoir National d'Escompte de Paris. — Crédit Algérien. — Société Générale de Crédit Industriel et Commercial. — Crédit Lyonnais. — Société Générale............ | 31 janv. 1907.. | 1er avril 1907. | 442 50 | 458 » | 475 » | 50 ans. | 1.751.010 » |
| | | 30.000.000 | Banque de l'Afrique occidentale française. — Banque de Paris et des Pays-Bas. — Comptoir National d'Escompte de Paris. — Crédit Algérien. — Crédit Lyonnais. — Société Générale............ | 10 février 1909 | 1er avril 1909. | 437 50 | 449 » | 484 50 | 48 ans. | 1.352.450 » |
| | | 30.000.000 | Banque de l'Afrique occidentale française. — Banque de Paris et des Pays-Bas. — Comptoir National d'Escompte de Paris. — Crédit Algérien. — Crédit Lyonnais. — Société Générale............ | 26 juillet 1910. | 1er avril 1910. | 440 » | 450 » | 490 » | 47 ans. | 1.357.700 » |
| 14.000.000 | 14 février 1910 | 7.000.000 | M. L. Hirsch............ | 31 mai 1910... | 1er avril 1910. | 450 30 | 456 » | 492 25 | 50 ans | 301.125 60 |
| | | 7.000.000 | M. L. Hirsch............ | 4 nov. 1911.... | 1er avril 1912. | 438 » | 445 » | 470 » | 48 ans 1r2 | 313.771 60 |
| 179.000.000 | | 179.000.000 | | | | | | | | 7.822.012 20 |

**Conclusion.** — J'ai terminé l'exposé de la Situation générale des Finances de l'Afrique occidentale française. De quelque côté qu'on l'envisage, elle se manifeste sous l'aspect le plus favorable. Les ressources des budgets suivent une progression continue, sous un régime fiscal modéré dans ses exigences. Les réserves représentent le tiers des revenus annuels. L'exécution du programme des travaux prévus aux lois d'emprunt s'achève dans de bonnes conditions.

Je ne crois pas qu'il soit possible de concevoir un état de choses plus propre à justifier la légitime ambition de la Colonie d'être autorisée à faire un nouvel appel de 150 millions au crédit public.

*Le Directeur des Finances et de la Comptabilité*
*de l'Afrique occidentale française,*

R. FOURNIER.

Gorée. — Imprimerie du Gouvernement général.

www.ingramcontent.com/pod-product-compliance
Lightning Source LLC
Chambersburg PA
CBHW061748060726
47597CB00007B/2824